◯ **TRAVEL BIBLE** *Series*

🌿 **TRAVEL BIBLE Series**

Follow me! 여행 일본어

2010년 7월 20일 개정판 1쇄 인쇄
2017년 6월 30일 개정판 6쇄 발행

저자 SY언어개발팀
펴낸이 정정례
펴낸곳 삼영서관
기획 이장희
디자인 디자인클립

주소 서울 동대문구 답십리동 469-9 1F
전화 02) 2242-3668 팩스 02) 2242-3669
홈페이지 www.sysk.kr
이메일 syskbooks@naver.com
등록일 1978년 9월 18일
등록번호 제1-261호

ISBN 978-89-7318-338-8 13730

책값 7,000원

*파본은 교환하여 드립니다.

contents
이 책의 순서

이렇게 꾸몄습니다
동경/오사카 지하철 노선도
일본어 50음도

여행정보
여권과 비자 만들기 • 12
공항 도착에서 출국까지 • 15
여행 준비물 • 18

기본표현
패턴으로 익히는 중요표현 • 20
실용단어 • 26
기본표현 • 30

출국 준비
1. 항공권 전화 예약 • 38
2. 항공권 직접 구입 • 42
3. 항공권 재확인 • 46
4. 항공권 취소 및 변경 • 48

비행기 타기
1. 탑승 안내 • 50
2. 좌석 찾기 • 54
3. 기내 서비스 • 58
4. 기내 쇼핑 • 62
5. 기내 서비스 요청 • 66
6. 입국 신고서 작성 • 72

7. 환승 • 74

공항 도착
1. 입국 심사 • 78
2. 세관 검사 • 82
3. 수하물 찾기 • 86
4. 환전 • 88
5. 호텔로 이동 • 92

교통수단
1. 버스 • 96
2. 기차 • 102
3. 택시 • 110
4. 자전거 • 114
5. 선박 • 116
6. 지하철 • 118
7. 렌터카 • 122
8. 주유소 • 126
9. 드라이브 • 128

숙박
1. 호텔 예약 • 132
2. 호텔 체크인 • 138
3. 룸서비스 • 146
4. 문제 발생 • 152
5. 호텔 체크아웃 • 158
6. 유스호스텔 • 164

🟡 식사
1. 레스토랑 예약과 안내 • 170
2. 식사 주문 • 174
3. 음식 • 178
4. 식탁에서 • 180
5. 후식(디저트) 주문 • 182
6. 음료 주문 • 184
7. 패스트푸드점 • 186
8. 계산하기 • 190

🟡 관광

1. 관광 안내소 • 192
2. 여행 자료 • 198
3. 길 안내 • 200
4. 사진 촬영 • 204
5. 미술관·박물관 • 206
6. 공연장 • 210
7. 영화관 • 212
8. 스포츠와 레포츠 • 214
9. 술집 • 216
10. 디스코장 • 220

🟡 쇼핑
1. 쇼핑 안내 • 224
2. 백화점 안내 데스크 • 226
3. 면세점 • 228
4. 안경가게 • 230
5. 사진관 • 232
6. 미용실 • 234
7. 화장품 가게 • 236
8. 보석 가게 • 238
9. 옷 가게 • 240
10. 슈퍼마켓 • 246
11. 계산하기 • 250
12. 포장 • 252
13. 배달 • 254
14. 반품 및 환불 • 256

🟡 통신·우편
1. 우편 • 260
2. 공중전화 • 264
3. 국제전화 • 266
4. 인터넷 • 270

🟡 문제 발생
1. 긴급 상황 • 272
2. 도난 • 274
3. 분실 • 276
4. 신용카드·여권 재발급 • 278
5. 병원 • 280
6. 약국 • 286
7. 교통사고 • 290
8. 길을 잃었을 때 • 294

🟡 귀국
1. 예약 재확인 • 298
2. 출국 • 302

🟡 핵심 단어장 • 305

이렇게 꾸몄습니다

1. 급할 때 이것만이라도!

가장 중요한 표현을 선별하여 표지 안쪽 면에 수록하여, 급할 때 책만 펼치면 바로 볼 수 있도록 구성하였습니다.

2. 패턴으로 익히는 중요 표현

하나의 패턴에 그때그때 필요한 단어만 바꾸어 넣으면 각 상황에 필요한 표현을 쉽게 만들어 사용할 수 있습니다.

3. 중요 표현

유용한 표현 중에서 가장 활용도가 높으면서, 쉽고 간결한 표현을 골랐습니다. 앞부분에 강조되어 있어서 보기에 편리합니다.

4. 유용한 표현

이 책의 핵심 부분입니다. 여행지에서 일어날 수 있는 여러 상황을 구성하여, 각 상황마다 꼭 필요한 필수 표현들을 수록하였습니다.

TRAVEL BIBLE Series

5 어휘
유용한 표현에서 언급된 어휘를 다룹니다. 사전이 필요 없습니다.

6 실용회화
여행자를 중심으로 여행지에서 일어날 수 있는 실제 대화를 연출하였습니다. 풍부한 삽화로 그 상황을 재현하여 공부하는 재미를 더했습니다.

7 팁(Tip)
여행에 필요한 모든 정보가 담겨 있어 유용합니다.

8 깜짝 센스
우리와는 다른 문화를 가진 외국에서 순간순간 당황하지 않도록 주의사항과 에티켓을 알려줍니다.

동경 지하철 노선도

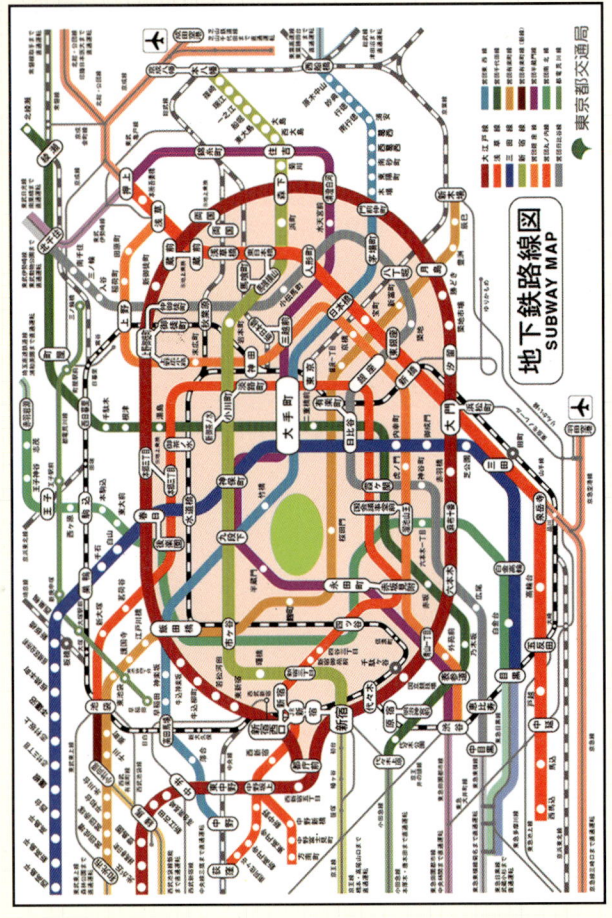

오사카 지하철 노선도

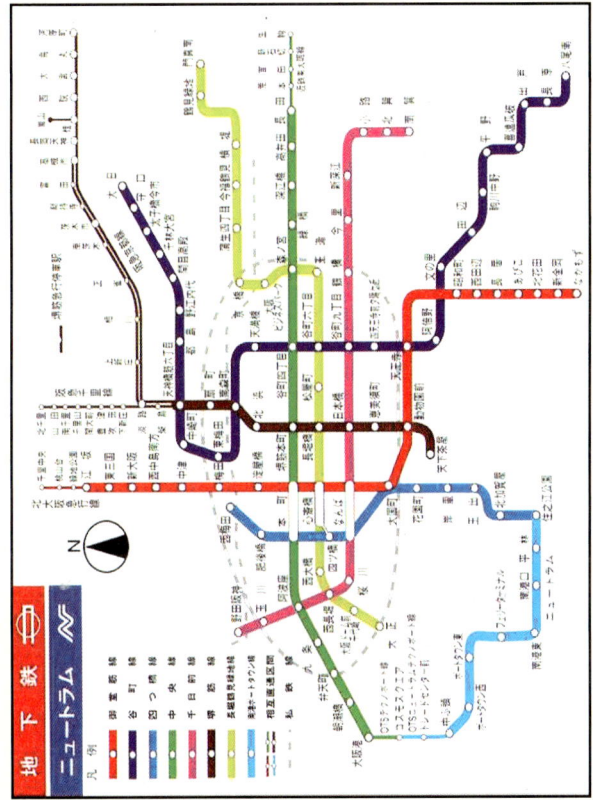

일본어 50음도

히라가나 ひらがな

あ[a]	い[i]	う[u]	え[e]	お[o]
か[ka]	き[ki]	く[ku]	け[ke]	こ[ko]
さ[sa]	し[shi]	す[su]	せ[se]	そ[so]
た[ta]	ち[ti]	つ[tsu]	て[te]	と[to]
な[na]	に[ni]	ぬ[nu]	ね[ne]	の[no]
は[ha]	ひ[hi]	ふ[hu]	へ[he]	ほ[ho]
ま[ma]	み[mi]	む[mu]	め[me]	も[mo]
や[ya]		ゆ[yu]		よ[yo]
ら[ra]	り[ri]	る[ru]	れ[re]	ろ[ro]
わ[wa]				を[wo]
ん[n]				

가타카나 カタカナ

ア[a]	イ[i]	ウ[u]	エ[e]	オ[o]
カ[ka]	キ[ki]	ク[ku]	ケ[ke]	コ[ko]
サ[sa]	シ[shi]	ス[su]	セ[se]	ソ[so]
タ[ta]	チ[ti]	ツ[tsu]	テ[te]	ト[to]
ナ[na]	ニ[ni]	ヌ[nu]	ネ[ne]	ノ[no]
ハ[ha]	ヒ[hi]	フ[hu]	ヘ[he]	ホ[ho]
マ[ma]	ミ[mi]	ム[mu]	メ[me]	モ[mo]
ヤ[ya]		ユ[yu]		ヨ[yo]
ラ[ra]	リ[ri]	ル[ru]	レ[re]	ロ[ro]
ワ[wa]				ヲ[wo]
ン[n]				

여행정보

- 여권과 비자 만들기
- 공항 도착에서 출국까지
- 여행 준비물

여권과 비자 만들기

1 여권 만들기

여권이란 간단히 말해 한국인의 신분증이다. 다시 말하면 해외여행을 위해 외국으로 떠나는 사람에게 정부가 여행을 허가해 준 허가증이며, 여행 중 한국인임을 증명할 수 있는 신분증명서이다.

여권은 여행자 수표를 현지 화폐로 환전할 때, 면세품을 구입할 때, 렌터카를 임대하거나 호텔에 투숙할 때 반드시 제시하여야 하며 신분증 역할을 하므로 해외여행 내내 소지하고 다녀야 한다.

현재는 여권 위·변조 및 여권 도용 억제를 통해 여권의 보안성을 극대화하고, 궁극적으로 해외를 여행하는 우리 국민들의 편의를 증진시키기 위해 전자여권이 도입되었다. 전자여권(ePassport, electronic passport)이란, 비접촉식 IC칩을 내장하여 바이오인식정보(Biometric data)와 신원정보를 저장한 여권을 말한다.

여권 발급 시 필요한 서류

1. 여권발급신청서
2. 여권용 사진 1매 (※ 긴급 사진부착식 여권 신청시에는 2매 제출)
3. 신분증
4. 재외공관에서의 신청 경우 : 주재국의 체류허가서(입국비자 등)
5. 18세이상 35세이하 남자의 경우(군미필자 및 군복무를 마치지 아니한 자)
   · 국외여행허가서(25세 이상 35세 이하)   · 기타 병역 관계 서류
6. 미성년자(18세 미만)의 경우
   · 여권 발급동의서(동의자가 직접 신청하는 경우는 생략)
   ※ 동의자(부모, 친권자, 후견인 등 법정대리인) 작성

2 비자 만들기

비자란 입국사증을 나타내는 말로 비자에 명시된 대로 그 나라에서 일정기간의 체류를 허용한다는 증명서로 이것이 없을 경우 입국을 거부당한다. 여행국가 중에는 비자를 요구하는 국가가 있는가 하면 비자 없이 자유로이 여행할 수 있는 국가도 많다. 우리나라와 비자 면제협정을 맺고 있는 서유럽 전국가 및 헝가리, 동남아 일부 국가는 비자 없이도 0~90일간 체류가 가능하다. 비자는 국내 제외공관(대사관)에서 여권에 기재해 준다.

비자 면제협정 체결국가 현황 (2009. 9. 1. 현재)

적용대상			국가명
외교관 / 관용 (24개국)			필리핀(무제한), 파라과이(90일), 이란(3개월), 몽골(30일), 베넹(90일), 베트남(90일), 에콰도르 (외교: 업무수행기간, 관용: 3개월), 사이프러스(90일), 벨리즈 (90일), 이집트(90일), 파키스탄(3개월), 일본(3개월), 크로아티아(90일), 우루과이 (90일), 인도(90일), 아르헨티나(90일), 러시아(90일), 알제리(90일), 벨라루스(90일), 아제르바이잔(30일), 캄보디아(60일), 카자흐스탄(90일), 방글라데시(90일), 라오스(90일)
외교관 / 관용 / 일반	30일(1개국)		튀니지
	60일(2개국)		포르투갈, 레소토
	90일 (60개국)	아주지역 (4개국)	태국, 싱가폴, 뉴질랜드, 말레이시아
		미주지역 (24개국)	바베이도스, 바하마, 코스타리카, 콜롬비아, 파나마, 도미니카(공), 도미니카(연), 그레나다, 자메이카, 페루, 아이티, 세인트루시아, 세인트키츠네비스, 브라질, 세인트빈센트그레나딘, 트리니다드토바고, 수리남,

13

외교관 / 관용 / 일반	90일 (60개국)	미주지역 (24개국)	안티구아바부다, 니카라과, 엘살바도르, 멕시코, 칠레, 과테말라, 베네수엘라(외교,관용 30일, 일반 90일)
		구주지역 (29개국)	**쉥겐국(25개국 중 슬로베니아 제외)** 그리스, 오스트리아(외교·관용 180일), 스위스, 프랑스, 네덜란드, 벨기에, 룩셈부르크, 독일, 스페인, 몰타, 폴란드, 헝가리, 체코, 슬로바키아, 이탈리아, 라트비아 리투아니아, (이하 180일 중 90일) 에스토니아, 핀란드, 스웨덴, 덴마크, 노르웨이, 아이슬랜드(포르투갈은 60일에 해당)
			비쉥겐국 리히텐슈타인, 영국, 아일랜드, 불가리아, 루마니아, 터키
		중동·아프리카지역	(3개국)모로코, 라이베리아, 이스라엘

★ 캐나다 : 상호합의에 의거 6개월간 사증면제(협정 미체결, 1998.4.10)
★ 파키스탄 : 2001.10.1부터 일반여권 소지자에 대한 사증면제 일시중지 상태
★ 방글라데시 : 2008.7.15일자로 일반여권 소지자에 대한 사증면제협정 일시정지
★ 이탈리아 : 협정상의 체류기간은 60일이나 상호주의로 90일간 체류기간 부여(2003. 6.15)
★ 일본 : 일반은 구상서 교환에 의한 90일간 사증면제(외교·관용은 사증면제협정체결)
★ 우크라이나 : 우리국민에 대한 일방적 사증면제(2006.6.24부 발효), 우크라이나 국민은 사증필요
★ 라오스 : 2009.8.1부터 협정 시행

공항 도착에서 출국까지

1 공항 도착

적어도 출발 시간 3시간 전에는 공항에 도착하여야 한다.

2 항공사 탑승수속

- **좌석배정**

  해당 항공사의 카운터에서 좌석을 배정 받고, 위탁수하물을 보낸다.

- **위탁수하물 보내기**
  - 위탁수하물로 보낼 짐과 기내에 가지고 들어갈 짐을 미리 정리하여 수속하도록 한다. 기내로 가지고 들어갈 수 없는 물품은 위탁수하물로 보내도록 한다.

  - 기내 반입 물품 기준(항공사마다 기준이 다름)
    통상적으로 일반석에 적용되는 수하물의 크기와 무게는 개당 55×40×20(cm) 3면의 합 115(cm) 이하로써 10kg ~12kg 까지 이다.

  - 위탁수하물 무료 허용 기준
    통상적으로 미주구간은 23kg 이내이고, 미주 외 구간은 30kg이다.

기내 반입 금지물품

칼, 가위, 면도칼 등 뾰족하거나 날카로운 물품 / 총기류 및 장난감 총 / 불꽃놀이, 폭죽, 신호탄, 모형 권총, 라이터, 최루 가스 / 향수 / 전해물 건전지 / 휴대용 버너, 부탄가스, SCUBA탱크 / 페인트, 광택제, 헤어스프레이 (래커) / 유독성 물질, 전염성 있는 물질, 방사성 물질 / 화학 물품, 화학 비료, 제초제, 구충제, 살충제 / 페인트 박리제, 표백제, 염소, 세척제, 연료, 희석제, 용제, 아세톤과 같은 가연성 액체 / 수은 체온계, 기압계

3 출국신고서 작성

2006년 8월 1일부터는 출국신고서가 전면적으로 생략되어 한결 빠르고 편하게 출국심사를 받을 수 있다.

4 병무·검역신고

병역 의무자가 국외를 여행하고자 할 때는 병무청에 국외여행허가를 받고 출국 당일 법무부 출입국에서 출국심사 시 국외여행허가증명서를 제출하여야 한다.

5 세관 신고

- 미화 1만 불을 초과하는 일반 해외 여행경비 휴대 반출 시에는 세관 외환신고대에 신고하여야 한다.
- 여행 중 사용하고 다시 가져올 귀중품 또는 고가품은 출국하기 전 세관에 신고한 후 "휴대물품반출신고서"를 받아야 입국 시에 면세를 받을 수 있다.

6 출국 보안심사

여권, 탑승권을 출국장 입장 시 보안요원에게 보여 준다.

- 휴대물품을 X-ray 검색대 벨트 위에 올려 놓는다.
- 겉옷과 소지품(휴대폰, 열쇠, 지갑, 동전 등)도 모두 꺼내 검색용 바구니에 넣는다.
- 문형탐지기 통과 후 검색요원의 검색을 받는다.

7 출국 심사

여권과 탑승권을 준비하고 출국심사대 앞 대기선에서 기다린다. 순서가 오면 심사관에게 여권과 탑승권을 제시하고 출국확인을 받는다.

8 탑승

이제 출국을 위한 수속은 모두 끝났다. 가장 먼저 할 일은 탑승구 위치를 확인하는 것이다. 늦어도 출발 시간 30분 전에는 게이트에 미리 도착해 있도록 한다. 시내면세점에서 미리 구입한 물품은 면세품 인도장에서 수령하도록 한다. 탑승시간까지 대합실에서 휴식을 취하거나 면세점을 이용해 보자.

→ 면세점(DUTY FREE점)

여행 준비물

- 여권(분실 대비용 여권 복사본 – 여권과 다른 곳에 보관할 것)
- 항공권
- 비자
- 현금 및 신용카드
- 증명사진(비자용, 예비용)
- 국제학생증
- 국제운전면허증
- 여행자 보험증

준비물 체크 목록

세면도구	☐ 칫솔 ☐ 치약 ☐ 면도기 ☐ 바디용품 ☐ 생리용품
화 장 품	☐ 기초화장품 ☐ 색조화장품 ☐ 자외선 차단크림
안 경	☐ 선글라스 ☐ 콘택트렌즈 ☐ 식염수 ☐ 예비용 안경
비상약품	☐ 소화제 ☐ 감기약 ☐ 멀미약 ☐ 진통제 ☐ 위장약 ☐ 설사약 ☐ 복용중인 약
의 류	☐ 속옷 ☐ 양말 ☐ 긴소매 옷 ☐ 상의 ☐ 하의 ☐ 재킷(여행지에 따라) ☐ 모자
가 방	☐ 휴대하기 쉽고 중요한 물건을 넣어 가지고 다닐 작은 가방
도 서	☐ 지도 ☐ 여행가이드 도서 ☐ 전자사전
카 메 라	☐ 휴대가 간편한 작은 사이즈 ☐ 배터리 ☐ 메모리 카드
휴 대 폰	☐ (로밍 가능여부 미리 확인)
신 발	☐ 편한 신발이나 운동화 ☐ 샌들
기 타	☐ 수첩과 필기도구 ☐ 휴대용 우산

기본표현

1. 패턴으로 익히는 중요표현
2. 실용단어
3. 기본표현

패턴으로 익히는 중요표현

1. ~ 을 주십시오. ~をお願(ねが)いします。

물을 주십시오.
お水(みず)をお願(ねが)いします。 오미즈오 오네가이시마스

이렇게도 바꿔보세요!

• 계산서	領収書(りょうしゅうしょ)	료-슈-쇼
• 시내지도	市内地図(しないちず)	시나이치즈
• 티켓	チケット	치켓토
• 이것으로 2인분	これで2人前(ににんまえ)	고레데 니닌마에

2. ~ 을 잃어버렸습니다. ~を忘(わす)れてしまいました。

가방을 잃어버렸습니다.
カバンを忘(わす)れてしまいました。 카방오 와스레떼 시마이마시따

이렇게도 바꿔보세요!

• 길	道(みち)	미찌
• 돈	お金(かね)	오까네
• 신용카드	クレジットカード	쿠레짓토카도
• 여권	パスポート	파스포-또
• 여행자 수표	トラベルチェック	토라베루 쳇쿠
• 지갑	さいふ	사이후
• 티켓	チケット	치켓토

3 ~를 불러주세요. ~を 呼(よ)んでください。

구급차를 불러주세요.
救急車(きゅうきゅうしゃ)を呼(よ)んでください。　큐-큐-샤오 욘데 구다사이

이렇게도 바꿔보세요!

- 경찰　　　　　　警察(けいさつ)　　　　　　케-사쯔
- 의사　　　　　　医者(いしゃ)　　　　　　이샤

4 ~하고 싶은데요. ~したいです。

예약을 확인하고 싶은데요.
予約(よやく)を確認(かくにん)したいんですが。　요야꾸오 카우닝 시타잉데스가

이렇게도 바꿔보세요!

- 공항에 가다　　　　　　空港(くうこう)に行(い)く
　　　　　　　　　　　　쿠-꼬-니 이꾸
- 비행기를 예약하다　　　飛行機(ひこうき)を予約(よやく)する
　　　　　　　　　　　　히꼬-끼오 요야꾸스루
- 환전을 하고 싶습니다만　両替(りょうがえ)したいんですが
　　　　　　　　　　　　료-가에 시티잉데스가
- 예약을 확인하다　　　　予約(よやく)を確認(かくにん)する
　　　　　　　　　　　　요야꾸오 카꾸닌스루
- 예약을 변경하다　　　　予約(よやく)を変更(へんこう)する
　　　　　　　　　　　　요야꾸오 헹꼬-스루
- 호텔을 예약하다　　　　ホテルを予約(よやく)する
　　　　　　　　　　　　호테루오 요야꾸스루

기본 표현

5 ~ 은 어디에 있습니까? ~はどこにありますか?

안내 데스크는 어디에 있습니까?
案内所はどこにありますか? 안나이쇼와 도꼬니 아리마스까

▶ 이렇게도 바꿔보세요!

• 대항항공 카운터	大韓航空(たいかんこうくう)のカウンター	
	타이깡코- 꾸노 카운타-	
• 면세점	免税店(めんぜいてん)	멘제-뗑
• 매표소	チケット売(う)り場(ば)	치켓토 우리바
• 버스정류소	バス停(てい)	바스테-
• 탑승 게이트	搭乗口(とうじょうぐち)	토-죠-구찌
• 분실물 센터	忘れ物預かり所(わすれものあずかりしょ)	
	와스레모노 아즈까리쇼	
• 입구 · 출구	入り口(いりぐち) · 出口(でぐち)	
	이리구찌 · 데구찌	
• 지하철	地下鉄(ちかてつ)	치카테쯔
• 화장실	トイレ	토이레
• 환전소	両替(りょうがえ)	료-가에
• 20번 게이트	20番(にじゅうばん)ゲート	니쥬-방 게-토
• 환승 카운터	乗(の)り換(か)えカウンター	
	노리카에 카운타-	
• 수화물 수취대	手荷物受取り(てにもつうけとりだい)	
	테니모쯔우께토리다이	
• 락카	ロッカー	록카-

6 ~ 해도 됩니까? ~してもいいですか?

> (이 옷을) 입어봐도 됩니까?
> 試着(しちゃく)してもいいですか? 시차꾸 시떼모 이이데스까

이렇게도 바꿔보세요!

담배를 피워도	タバコをすっても	타바꼬오 슷떼모
사진을 찍어도	写真(しゃしん)をとっても	샤싱오 톳떼모
여기에 앉아도	ここに座(すわ)っても	고꼬니 스왓떼모
이것을 가져도	これをもらっても	고레오 모랏떼모
들어가도	入(はい)っても	하잇떼모
화장실을 이용해도	トイレを借(か)りても	토이레오 카리떼모
이름을 물어도	お名前(なまえ)を聞(き)いても	오나마에오 끼이떼모
자기 소개해도	自己紹介(じこしょうかい)しても	지꼬쇼-까이 시떼모
안으로 들어가도	中(なか)に入(はい)っても	나까니 하잇떼모
창문을 열어도	窓(まど)を開(あ)けても	마도오 아께떼모
창문을 닫아도	窓(まど)を閉(し)めても	마도오 시메떼모
그것을 사용해도	それを使(つか)っても	소레오 쯔깟떼모

기본표현

7 ~ 하고 싶습니다. ~したいです。

골프투어에 참가하고 싶습니다.
ゴルフツアーに参加(さんか)したいです。

고루후쯔아-니 상까 시타이데스

이렇게도 바꿔보세요!

- 낚시하러 가다   つりに行(い)きたい   쯔리니 이끼타이
- 영화를 보러 가다   映画(えいが)を見(み)に行(い)きたい
  에-가오 미니 이끼타이

8 ~은 얼마입니까? ~は いくらですか?

요금은 얼마입니까?
料金(りょうきん)はいくらですか?   료-낑와 이꾸라 데스까

이렇게도 바꿔보세요!

- 그것   それ   소레
- 이것   これ   고레
- 두 장   2枚(にまい)   니마이
- 이것 전부   これ 全部(ぜんぶ)   고레 젬부
- 예약금(보증금)   予約金(補償金)   요야꿍낑(호쇼-낑)
- 한 병   1本(いっぽん)   입뽕
- 저 옷들   あの服(ふく)たち   아노 후꾸타찌
- 통과 요금   通過料金(つうかりょうきん)   쯔-까료-낑
- 입장료   入場料(にゅうじょうりょう)   뉴-죠-료-

9 ~에 어떻게 가죠? ~へはどうやって行(い)けばいいですか?

거기에 어떻게 가죠?
あそこへはどうやって行けばいいですか?

아소꼬에와 도- 얏떼 이께바 이이데스까

이렇게도 바꿔보세요!

- 호텔에   ホテルに   호테루니
- 항구에   港(みなと)に   미나토니
- 시내에   市内(しない)に   시나이니

10 ~ 있습니까? ありますか?

커피 있습니까?
コーヒーありますか? 코-히-아리마스까

이렇게도 바꿔보세요!

- 건전지   乾電池(かんでんち)   칸덴치
- 다른 디자인   ほかのデザイン   호까노 데자잉
- 담요   毛布(もうふ)   모-후
- 맥주   ビール   비-루
- 복사기   コピー機(き)   코피-끼
- 베개   まくら   마쿠라
- 쇼핑할 시간   ショッピングする時間(じかん) 숍핑구스루 지깡
- 차   お茶(ちゃ)   오챠
- 필름   フィルム   휘루무
- (한국어로 된) 책자 韓国語(かんこくご)の冊子(さっし)
                      캉코꾸고노 삿시

기본 표현

실용단어

★★ 각종 서비스 시설의 명칭 ★★ Japanese Name

- 현금 자동 입출금기　　現金自動支払機　　겡낑지도-시하라이끼
- 코인 락커　　　　　　コインロッカー　　코인록카-
- 리스회사　　　　　　リース会社　　　　리-스가이샤
- 자동 판매기　　　　　自動販売機　　　　지도-함바이끼
- 화장실　　　　　　　トイレ　　　　　　토이레
- 스낵바　　　　　　　スナックバー　　　스낙쿠바-
- 로비　　　　　　　　ロビー　　　　　　로비-
- 프론트　　　　　　　フロント　　　　　후론토
- 내선　　　　　　　　内線　　　　　　　나이센
- 접수처　　　　　　　受付　　　　　　　우께쯔께
- 엘리베이터　　　　　エレベーター　　　에레베-타-
- 에스컬레이터　　　　エスカレーター　　에스카레-타-
- 여행안내소　　　　　旅行案内所　　　　료꼬-안나이쇼
- 탈의실　　　　　　　更衣室　　　　　　코-이시쯔
- 렌트카　　　　　　　レンタカー　　　　렌타카-

숫자 ** Numbers

- 1　いち　　　　　이찌
- 2　に　　　　　　니
- 3　さん　　　　　산
- 4　よん, し　　　욘, 시
- 5　ご　　　　　　고
- 6　ろく　　　　　로꾸
- 7　なな, しち　　나나, 시찌
- 8　はち　　　　　하찌
- 9　きゅう, く　　큐-, 쿠
- 10　じゅう　　　쥬-
- 11　じゅういち　쥬-이찌
- 12　じゅうに　　쥬-니
- 13　じゅうさん　쥬-산
- 14　じゅうよん　쥬-욘
- 15　じゅうご　　쥬-고
- 16　じゅうろく　쥬-로꾸
- 17　じゅうなな, じゅうしち　쥬-나나, 쥬-시찌
- 18　じゅうはち　쥬-하찌
- 19　じゅうきゅう, じゅうく　쥬-큐-, 쥬-쿠
- 20　にじゅう　　니쥬-
- 30　さんじゅう　산쥬-
- 40　よんじゅう　욘쥬-
- 50　ごじゅう　　고쥬-
- 60　ろくじゅう　로쿠쥬-
- 70　ななじゅう　나나쥬-
- 80　はちじゅう　하찌쥬-
- 90　きゅうじゅう　큐우쥬-
- 100　ひゃく　하꾸
- 1,000　せん　셍
- 10,000　いちまん　이찌망

숫자 읽기 ** Reading numbers

- 금액　　　　34,500円　　　　　　삼망욘셍고햐꾸엔
- 전화번호　　782-3650　　　　　　나나하찌니노 산로꾸고제로
- 시간　　　　08:30　　　　　　　　하찌지 산즙뿡
- 날짜　　　　2003年 4月 15日　　니셍산넹 시가쯔 쥬-고니찌
- 비행기 번호　302便　　　　　　　산마루니빙
- 방 번호　　　203号室　　　　　　니마루상고-시쯔

표지판 ** Signs

- 출입금지 　　　　　立ち入り禁止　　　타찌이리킨시
- 비상구 　　　　　　非常口　　　　　　히죠-구찌
- 안내소 　　　　　　案内所　　　　　　안나이쇼
- 출구 　　　　　　　出口　　　　　　　데구찌
- 입구 　　　　　　　入り口　　　　　　이리구찌
- 위험 　　　　　　　危険　　　　　　　키껭
- 수리중 　　　　　　修理中　　　　　　슈-리쮸-
- 멈춤 　　　　　　　とまれ　　　　　　토마레
- 매진 　　　　　　　売り切れ　　　　　우리키레
- 당기시오 　　　　　引く　　　　　　　히꾸
- 미시오 　　　　　　押す　　　　　　　오스
- 비었음 　　　　　　空　　　　　　　　아꾸
- 사용중 　　　　　　使用中　　　　　　시요-쮸-
- 예약 　　　　　　　予約　　　　　　　요야꾸
- 금연 　　　　　　　禁煙　　　　　　　킹엥
- 버튼을 누르세요　　ボタンを押してください
　　　　　　　　　　보탕오 오시떼 구다사이
- 관계자외 출입금지　関係者以外立ち入り禁止
　　　　　　　　　　캉케-샤이가이 타찌이리킨시
- 주차금지 　　　　　駐車禁止　　　　　츄-샤킨시
- 일방통행 　　　　　一方通行　　　　　입뽀-쯔-꼬-

** Season

- 봄　　春　　하루
- 여름　夏　　나쯔
- 가을　秋　　아끼
- 겨울　冬　　후유

 ** Month of year

- 1월　1月　이찌가쯔
- 2월　2月　니가쯔
- 3월　3月　상가쯔
- 4월　4月　시가쯔
- 5월　5月　고가쯔
- 6월　6月　로꾸가쯔
- 7월　7月　시찌가쯔
- 8월　8月　하찌가쯔
- 9월　9月　쿠가쯔
- 10월　10月　쥬-가쯔
- 11월　11月　쥬-이찌가쯔
- 12월　12月　쥬-니가쯔

 ** Direction

- 여기　　ここ　　　고꼬
- 거기　　そこ　　　소꼬
- 저기　　あそこ　　아소꼬
- 방향　　方向　　　호-꼬-
- 동쪽　　東の方　　히가시노 호-
- 서쪽　　西の方　　니시노 호-
- 남쪽　　南の方　　미나미노 호-
- 북쪽　　北の方　　키타노 호-
- 곧장　　まっすぐ　맛스구
- 왼쪽　　左の方　　히다리노 호-
- 오른쪽　右の方　　미기노 호-
- 길을 따라　道をそって
　　　　　　　　　미찌오 솟떼
- 우회하다　回る　　마와루

기본 표현

기본표현

① 인사

- 안녕하세요.
  こんにちは。
  곤니찌와

- 안녕하세요.(아침)
  おはようございます。
  오하요-고자이마스

- 안녕하세요.(점심)
  こんにちは。
  곤니찌와

- 안녕하세요.(저녁)
  こんばんは。
  곰방와

- 안녕하세요?(안부 : 잘 지내세요?)
  おげんきですか?
  오겡끼데스까

- 네 잘 지냅니다. 고마워요.
  はい、げんきです。
  하이, 겡끼데스

- 안녕히 계세요.
  さようなら。
  사요-나라

소개

- 처음 뵙겠습니다.
  はじめまして。
  하지메 마시떼

- 만나서 반갑습니다.
  お会いできてうれしいです。
  오아이 데끼떼 우레시이데스

- 제 소개를 해도 될까요?
  自己紹介させてもらえますか?
  지꼬-쇼-까이 사세떼 모라에마스까

- 이름을 여쭈어봐도 될까요?
  お名前をきいていいですか?
  오나마에오 끼이떼 이이데스까

- 제 이름은 …입니다.
  私のなまえは…です。
  와타시노 나마에와 …데스

- 저는 한국의 서울에서 왔습니다.
  私は韓国のソウルからきました。
  와타시와 캉꼬쿠노 소우루까라 끼마시따

- 이 분은 …입니다.
  こちらは…です。
  고찌라와 …데스

기본표현

❸ 감사

- 감사합니다.
  ありがとうございます。
  아리가또-고자이마스

- 천만에요.
  どういたしまして。
  도-이타시마시떼

- 정말 감사합니다.
  どうも、ありがとうございます。
  도-모 아리가또-고자이마스

- 친절에 감사드립니다.
  ご親切に感謝します。
  고신세쯔니 칸샤시마스

- 도와주셔서 감사합니다.
  助けていただいてありがとうございます。
  타스케떼 이타다이떼 아리가또-고자이마스

- 여러 가지로 감사드립니다.
  いろいろありがとうございました。
  이로이로 아리가또-고자이마시따

- 천만에요.
  どういたしまして。
  도- 이타시마시떼

④ 사과

- 죄송합니다.
  すみません。
  스미마셍

- 괜찮습니다.
  だいじょうぶです。
  다이죠-부데스

- 불편을 끼쳐 드려서 죄송합니다.
  ご迷惑をかけましてすみません。
  고메-와꾸오 카케마시떼 스미마셍

- 실례합니다.
  しつれいします。
  시쯔레-시마스

- 제 잘못입니다.
  こちらのミスです。
  고찌라노 미스데스

- 늦어서 죄송합니다.
  送れましてすみません。
  오꾸레 마시시떼 스미마셍

- 또 만나요.
  また、あいましょう。
  마따 아이마쇼-

기본 표현

33

❺ 부탁

- ~을 주세요.
  ~をください。
  ~오 구다사이

- 티켓 두 장 주세요.
  チケットを2枚ください。
  치켓토오 니마이 구다사이

- 부탁 좀 드리고 싶은 게 있습니다만.
  ちょっと、お願いしたいことがあるんですが。
  춋또 오네가이 시타이 코또가 아룬데스가

- – 네, 뭔가요?
  はい、何ですか?
  하이. 난데스까

- 죄송하지만, 여기서 담배 피워도 될까요?
  すみませんが、ここでタバコを吸ってもいいですか?
  스미마셍가. 고꼬데 타바코오 슷떼모 이이데스까

- 좀 도와주시겠어요?
  ちょっと、助けてもらえますか?
  춋또 타스케떼 모라에마스까

- 들어가도 될까요?
  入ってもいいですか?
  하잇떼모 이이데스까

⑥ 다시 물어보기

- 다시 한번 말씀해 주시겠어요?
  もういちど言ってくだしい。
  모-이찌도 잇떼 구다사이

- 뭐라고 하셨지요?
  何と言いましたか?
  난또 이이마시타까

- 그게 무슨 뜻이지요?
  どういう意味ですか?
  도-이우 이미데스까

- 좀 천천히 말씀해 주십시오.
  もう少しゆっくりおっしゃってもらえますか?
  모- 스꼬시 윳꾸리 옷샷떼 모라에마스까

- 뭐라고 하셨습니까?
  何と言いましたか?
  난또 이이마시타까

- 일본어는 전혀 못합니다.
  日本語はぜんぜんできません。
  니홍고와 젠젠 데끼마셍

- 죄송하지만, 잘 모르겠습니다.
  すみませんが、よくわかりません。
  스미마셍가 요꾸 와까리마셍

기본표현

35

❼ 대답

- 예. / 아니오.
  はい。／ いいえ。
  하이 / 이이에

- 알겠습니다.
  わかりました。
  와까리마시따

- 저도 그렇게 생각합니다.
  わたしもそう思います。
  와타시모 소- 오모이마스

- 그렇습니다.
  そうです。
  소-데

- 그거 좋겠군요.
  それはいいですね。
  소레와 이이데스네

- 그게 정말입니까?
  それは本当ですか？
  소레와 혼또- 데스까

- 잠깐 생각해보겠습니다.
  ちょっと、考えてみます。
  춋또 강가에떼 미마스

출국 준비

1. 항공권 전화 예약
2. 항공권 직접 구입
3. 항공권 재확인
4. 항공권 취소 및 변경

다케시타도리 입구 ▶

❶ 항공권 전화 예약

비행기 예약을 하려고 합니다.
飛行機の予約をしようとしています。
히꼬-끼노 요야꾸오 시요-또 시떼이마스

🖐 유용한 표현

- 일본항공입니다.
  日本航空です。
  니홍코-꾸- 데스

- 서울행 비행기 예약을 부탁합니다.
  ソウル行の飛行機を予約したいんですが。
  소우루유끼노 히꼬-끼오 요야꾸 시타잉데스가

- 내일 오사카행 좌석 있나요?
  あした、大阪行の座席はありますか?
  아시따 오-사까유끼노 자세끼와 아리마스까

- 언제 떠나실 건가요?
  いつ出発しますか?
  이쯔 슙빠쯔 시마스까

- 공항에 몇 시까지 가야 합니까?
  空港には何時まで行けばいいですか?
  쿠-꼬-와 난지마데 이께바 이이데스까

- 이번주 금요일 오후 비행기였으면 좋겠습니다만.

 今週の金曜日の午後の便ならいいですが。
 콘슈-노 킹요-비노 고고노 빈나라 이이데스가

- 좌석이 있나요?

 座席はありますか？
 자세끼와 아리마스까

- 그걸로 하겠습니다.

 それにします。
 소레니 시마스

- 비행기 출발 한 시간 전에는 체크인하기 바랍니다.

 出発1時間前までにはチェックインをおこなってください。
 슙빠쯔 이찌지깡 마에마데니와 첵쿠잉오 오꼬낫떼 구다사이

출국 준비

 어 휘

좌석	座席	자세끼
공항	空港	쿠-꼬-
일본	日本	니홍
서울	ソウル	소우루
비행기	飛行機	히꼬-끼
출발	出発	슙빠쯔
내일	あした	아시따

실용회화
Dialogue

직 원	언제 출발하십니까? いつ出発(しゅっぱつ)しますか? 이쯔 슙빠쯔 시마스까
여행자	7월 20일이요. 7月(しちがつ)20日(はつか)です。 시찌가쯔 하쯔까데스
직 원	성함을 알려주시겠습니까? お名前(なまえ)は何(なん)とおっしゃいますか? 오나마에와 난또 옷샤이마스까
여행자	김준호입니다. 金俊鎬です。 김준호데스

세계 주요 항공사 코드

- 한국

KE	대한항공	Korean Air
OZ	아시아나 항공	Asiana Airlines

- 미국

AA	아메리칸 항공	American Airlines
CO	컨티넨탈 항공	Continental Airlines
DL	델타 항공	Delta Airlines
NW	노스웨스트 항공	Northwest Airlines
UA	유나이티드 항공	United Airlines

- 영국

BA	영국 항공	British Airways
VS	버진 아틀란틱 항공	Virgin Atlantic Airways

- 프랑스

AF	에어 프랑스	Air France
UT	UTA 프랑스 항공	UTA French Airlines

- 일본 / 중국

JD	일본 에어 시스템	Japan Air Systems	일본
JL	일본 항공	Japan Airlines	일본
NH	전일본공수	All Nippon Airways	일본
CA	중국 국제항공	Air China	중국

- 기타

NZ	뉴질랜드 항공	Air New Zealand	뉴질랜드
MH	말레이지아 항공	Malaysian Airlines	말레이지아
SQ	싱가폴 항공	Singapore Airlines	싱가폴
QF	콴타스 항공	Qantas Airways	오스트레일리아
CP	카나디언 항공	Canadian Airlines International	캐나다
TG	타이 국제항공	Thai Airways International	태국
PR	필리핀 항공	Philippine Airlines	필리핀
CX	캐세이 퍼시픽 항공	Cathey Pacific Airways	홍콩

출국 준비

❷ 항공권 직접 구입

7월 20일 동경행 비행기표를 부탁합니다.
7月20日東京行をお願いします。
시찌가쯔 하쯔까 토-쿄-유끼오 오네가이시마스

유용한 표현

- 직행편으로 부탁합니다.
  直行便でおねがいします。
  쵹꼬-빈데 오네가이시마스

- 일반석으로 두 장 주세요.
  エコノミで2枚お願いします。
  에코노미데 니마이 오네가이시마스

- 요금은 얼마인가요?
  料金はいくらですか?
  료-낑와 이꾸라데스까

- 예약금은 얼마입니까?
  予約金はいくらですか?
  요야꾸낑와 이꾸라데스까

- 2장 구입할게요.
  2枚お願いしたいです。
  니마이 오네가이 시타이데스

- 신용카드로 계산해도 됩니까?

  カード使えますか?
  카도 쯔까에마스까

- 티켓 여기 있습니다.

  はい、これがチケットです。
  하이 고레가 치켓또데스

- 티켓은 어디서 받을 수 있나요?

  チケットはどこでもらえますか?
  치켓또와 도코데 모라에마스까

- 항공회사는 어디입니까?

  航空会社はどこですか?
  코-꾸-가이샤와 도꼬데스까

깜짝센스

창구에서는 일렬로 줄을 선다. 노약자나 장애자를 우선으로 하는 등 당연한 일을 하지 않으면 큰 창피를 당하게 된다.

식사 예절, 레이디 퍼스트 등의 매너와 공공 장소에서 질서있는 행동도 모두 매너이다.

실용회화
Dialogue

여행자	4장 구입하겠습니다. 4枚おねがいしたいです。 욘마이 오네가이 시타이데스
직원	4장에 84,000엔입니다. 4枚で84,000円です。 욘마이데 하찌망 욘셍엔데스
여행자	저녁에 출발하는 비행기도 있나요? 夕方の便もありますか? 유-가따노 빙모 아리마스까
직원	예, 있습니다. はい、あります。 하이 아리마스

44

일본의 국경일과 공휴일

일본의 국경일은 연간 14일이다. 이 기간에 학교, 모든 공공기관과 사기업은 휴무이다. 일요일과 국경일이 겹칠 경우 그 다음 월요일이 휴일이 된다.

- 1월 1일 – 정월 초하루
  신사(神社)나 절에 가서 신년 첫 참배를 하고 그 해의 운수를 점친다.

- 1월 둘째 주 월요일 – 성인의 날
  만 20세가 된 것을 축하하는 성인식이 행해진다.

- 2월 11일 – 건국 기념일
  일본의 가장 오래된 역사서인 일본서기(日本書紀)의 기록에 신무천황(神武天皇)이 즉위한 날로 되어 있다.

- 3월 21일(또는 20일) – 춘분
  낮과 밤의 길이가 똑같아지는 날이다. 성묘를 간다.

- 4월 29일 – 녹색의 날
  쇼와(昭和)시대(1926-1989) 천황의 탄생일이었으나 천황의 별세 후, 녹색의 날로 이름이 바뀌었다. 일본에서는 천황의 탄생일을 공휴일로 정해서 기념한다.

- 5월 3일 – 헌법기념일
  1947년 5월 3일에 현행 헌법이 제정된 것을 기념하는 날이다.

- 5월 5일 – 어린이날

- 7월 20일 – 바다의 날

- 9월 15일 – 경로의 날
  1966년부터 공휴일로 제정되었고 노인을 존경하고 감사하는 날이다.

- 9월 23일(또는 24일) – 추분
  춘분과 같이 밤낮의 길이가 같아지는 날이다. 성묘를 간다.

- 10월 둘째 주 월요일 – 체육의 날
  1964년 동경올림픽 개회식을 기념하여 제정되었다.

- 11월 3일 – 문화의 날
  1946년 11월 3일 현행 헌법이 공포된 것을 기념하는 날이다.

- 11월 23일 – 근로감사의 날
  근로자에게 감사하는 날이다.

- 12월 23일 – 천황 탄생일
  헤세(平成)천황의 탄생일이다.

❸ 항공권 재확인

예약을 확인하고 싶습니다.
予約確認をしたいです。
요야꾸 카쿠닝오 시타이데스

유용한 표현

- 여보세요, 일본항공입니까?
  もしもし、日本航空ですか？
  모시모시 니홍쿠-꾸-데스까

- 성함과 예약번호를 알려주십시오.
  お名前と予約番号を教えてください。
  오나마에또 요야꾸방고-오 오시에떼 구다사이

- 몇 편 비행기입니까?
  何便ですか？
  난빙데스까

- 출발일은 언제입니까?
  出発日はいつですか？
  슙빠쯔히와 이쯔데스까

- 몇 시까지 체크인하면 됩니까?
  何時までチェックインすればいいですか？
  난지마데 첵쿠인 스레바 이이데스까

실용회화 Dialogue

여행자	언제 출발합니까? いつ出発するんですか? 이쯔 슙빠쯔스룬 데스까
직 원	이번 주 금요일입니다. 今週の金曜日です。 콘슈-노 킹요-비데스

여행자	제 이름이 리스트에 있습니까? わたしの名前もはいってますか? 와타시노 나마에모 하잇떼 마스까
직 원	죄송하지만 이름을 찾을 수 없습니다. すみませんが、入っておりません。 스미마셍가 하잇떼 오리마셍

여행자	몇 시에 체크인하면 되나요? 何時にチェックインすればいいですか? 난지니 첵쿠인 스레바 이이데스까
직 원	적어도 한 시간 전엔 체크인하십시오. おそくても1時間前までにはチェックインしてください。 오소꾸떼모 이찌지깡 마에마데니와 첵쿠인시떼 구다사이

출국 준비

❹ 항공권 취소 및 변경

예약을 취소(변경)해 주십시오.
予約を取消し(変更)してもらいたいんですが。
요야쿠오 토리케시(헹꼬-)시떼 모라이타잉데스가

유용한 표현

- 오후 비행기로 바꾸고 싶은데요.
  午後の便にかえたいんですが。
  고고노 빈니 카에타잉데스가

- 다음 비행편 좌석을 구할 수 있을까요?
  次の便の座席はとれますか?
  쯔기노 빈노 자세끼와 토레마스까

- 가능하면 빨리 출발하고 싶습니다.
  できれば、早く出発したいです。
  데끼레바 하야꾸 슙빠쯔 시타이데스

- 이 예약을 취소해 주십시오.
  予約を取消したいんですが。
  요야꾸오 토리케시타잉데스가

- 하루 늦게 출발하고 싶습니다.
  1日ずらして出発したいです。
  이찌니찌 즈라시떼 슙빠쯔 시타이데스

비행기 타기

1. 탑승 안내
2. 좌석 찾기
3. 기내 서비스
4. 기내 쇼핑
5. 기내 서비스 요청
6. 입국 신고서 작성
7. 환승

❶ 탑승 안내

20번 게이트는 어디입니까?
20番ゲートはどちらですか?
니쥬-방 게-토와 도찌라데스까

유용한 표현

- 탑승수속은 어디서 합니까?
  搭乗手続きはどこでしますか?
  토-죠-테쯔즈끼와 도꼬데 시마스까

- 全日空카운터는 어디에요?
  全日空のカウンターはどちらですか?
  젠닛꾸노 카운타-와 도찌라데스까

- 몇 번 게이트로 가야 합니까?
  何番ゲートに行けばいいですか?
  난방 게-토니 이께바 이이데스까

- 탑승시간은 몇 시입니까?
  搭乗時間は何時ですか?
  토-죠-지깡와 난지데스까

- 면세점은 어디에 있나요?
  免税店はどこですか?
  멘제-뗑와 도꼬데스까

- 비행기가 왜 연착됩니까?

    飛行機は何で遅れていますか？
    히꼬-끼와 난데 오꾸레떼 이마스까

- 얼마나 지연됩니까?

    どれぐらい遅れますか？
    도레구라이 오꾸레마스까

- 탑승권을 보여주세요.

    搭乗券を拝見します。
    토-죠-켕오 하이껭시마스

- 이곳에 언제 다시 와야 하나요?

    いつまでもどってくればいいですか？
    이쯔마데 모돗떼 꾸레바 이이데스까

비행기타기

여행자	언제 출발합니까? いつ出発しますか? 이쯔 슙빠쯔 시마스까
카운터	지금부터 약 15분 후에 출발합니다. これから15分後に出発します。 고레까라 쥬-고훙고니 슙빠쯔 시마스
카운터	짐이 있습니까? お荷物はありますか? 오니모쯔와 아리마스까
여행자	2개입니다. ふたつあります。 후타쯔 아리마스
카운터	비행기표를 보여주시겠습니까? 航空券をはいけんします。 코-꾸-껭오 하이껭시마스
여행자	여기 있습니다. はい / どうぞ。 하이 도-조

탑승 관련어

• 탑승	搭乗(とうじょう)	토-죠-
• 검역	検疫(けんえき)	켕에끼
• 공항	空港(くうこう)	쿠-꼬-
• 공항세	空港使用料(くうこうしようりょう)	쿠-꼬-시요-료-
• 국내선	国内線(こくないせん)	코꾸나이셍
• 국제공항	国際空港(こくさいくうこう)	콕사이쿠-꼬-
• 국제선	国際線(こくさいせん)	콕사이셍
• 기내반입	機内搬入(きないはんにゅう)	키나이한뉴-
• 대합실	待合室(まちあいしつ)	마찌아이시쯔
• 도착지	降機地(こうきち)	코-키치
• 발착 일람표	発着一覧表(はっちゃくいちらんひょう) 핫챠꾸 이찌랑효-	
• 분실물 취급소	忘れ物預かり所(わすれものあずかりしょ) 와스레모노 아즈까리쇼	
• 세관 검사	税関検査(ぜいかんけんさ)	제-캉켄사
• 수하물	手荷物(てにもつ)	테니모쯔
• 안내소	案内所(あんないしょ)	안나이쇼
• 입국심사	入国審査(にゅうこくしんさ)	뉴-코꾸신사
• 인환증	手荷物預り証(てにもつあずかりしょう) 테니모쯔 아즈까리쇼-	
• 입국관리	入国管理(にゅうこくかんり)	뉴-코꾸칸리
• 출입국카드	出入国(しゅつにゅうこく)カード	슈쯔뉴-코꾸 카도
• 좌석번호	座席番号(ざせきばんごう)	자세끼방고-
• 출국카드	出国(しゅっこく)カード	슉코꾸 카도
• 출발지	乗機地(じょうきち)	죠-키치
• 탑승구	搭乗口(とうじょうぐち)	토-죠-구찌
• 항공사 카운터	航空会社(こうくうがいしゃ)のカウンター 코-꾸-가이샤노 카운타-	

비행기 타기

❷ 좌석 찾기

제 자리는 어디입니까?
わたしの席はどちらですか?
와타시노 세키와 도치라데스까

 유용한 표현

- C 24열은 어디입니까?
  C 24はどこですか?
  씨-노 니쥬-용와 도꼬데스까

- 창가측 좌석이 제 자리입니다.
  窓側のほうはわたしの席です。
  마도가와노 호-와 와타시노 세키데스

- 제 자리인 것 같은데요.
  わたしの座席のようですが。
  와타시노 자세키노요-데스가

- 흡연석(금연석)으로 옮기고 싶습니다.
  喫煙席(禁煙席)にかえたいんですが。
  키쯔엔세키(킹엔세끼)니 카에타잉데스

- 통로측(창가측) 좌석을 원합니다.
  通路側(窓側)の座席をおねがいします。
  쯔-로가와(마도가와)노 자세끼오 오네가이시마스

- 여기에 앉아도 됩니까?

  ここに座ってもいいですか?
  고꼬니 스왓떼모 이이데스까

- 지나가도 될까요?

  ちょっと、失礼します。
  촛또 시쯔레-시마스

- 좌석을 바꿔 주시겠어요?

  座席をかえてもらえますか?
  자세끼오 카에떼 모라에마스까

- 안전벨트 매는 방법을 알려주세요.

  シートベルトのしめ方を教えてください。
  시-토베루토노 시메카타오 오시에떼 구다사이

- 이것은 어디에 놓을까요?

  これは、どこに入れればいいですか?
  고레와 도꼬니 이레레바 이이데스까

- 이것을 좀 보관해 주시겠어요?

  これを預かってもらえますか?
  고레오 아즈깟떼 모라에마스까

실용회화
Dialogue

승무원	이쪽으로 오세요. 손님 좌석은 오른쪽 복도측입니다. どうぞ、こちらへ。お座席は通路側です。 도-조 고찌라에 오자세끼와 쯔-로가와데스
승 객	고맙습니다. ありがとうございます。 아리가또-고자이마스
승무원	창가쪽을 원하십니까, 통로쪽을 원하십니까? 窓側にしますか? 通路側にしますか? 마도가와니 시마스까 쯔-로가와니 시마스까
승 객	창측으로 주십시오. 窓側にします。 마도가와니 시마스
승객 A	죄송하지만, 자리를 바꿔 주시겠어요? すみませんが、座席をかえてもらえますか? 스미마셍가 자세끼오 카에떼 모라에마스까
승객 B	네, 뒤에 빈자리가 많습니다. はい、うしろのほうに空いた座席が多くございます。 하이 우시로노 호-니 아이따 자세끼가 오오꾸 고자이마스

객실

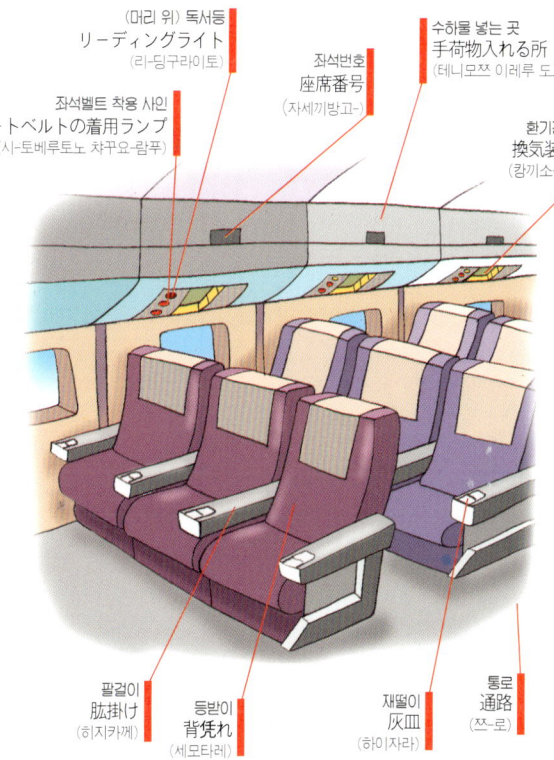

57

❸ 기내 서비스

[커피 좀 주세요.
コーヒーお願いします。
코-히- 오네가이시마스]

 음료수 주문

- 물 좀 주세요.
  お水おねがいします。
  오미즈 오네가이시마스

- 설탕만 주세요.
  砂糖だけでいいです。
  사토-다께데 이이데스

- 설탕과 크림 좀 주시겠어요?
  砂糖とクリームをもらえますか？
  사토-또 쿠리-무오 모라에마스까

- 맥주가 있나요?
  ビールおねがいします。
  비-루 오네가이시마스

- 한 잔 더 주세요.
  おかわりおねがいします。
  오카와리 오네가이시마스

기내 식사

- 쇠고기 요리로 주세요.
  牛肉料理をおねがいします。
  규-니꾸료-리오 오네가이시마스

- 기내식입니다.
  機内食です。
  키나이쇼꾸데스

- 좌석을 제 위치로 돌려주십시오.
  お座席をもとにもどしてもらえますか。
  오자세끼오 모토니 모도시떼 모라에마스까

- 음료수는 어떤 것으로 하시겠습니까?
  お飲み物は何になさいますか?
  오노미모노와 난니 나사이마스까

- 지금은 배가 고프지 않습니다.
  まだ、お腹がすいていません。
  마다 오나까가 스이떼 이마셍

- 식사는 필요 없습니다.
  食事はいりません。
  쇼꾸지와 이리마셍

- 포크와 나이프가 떨어졌는데요.
  フォークとナイフを落しましたが。
  호-쿠또 나이후오 오토시마시따가

승무원	음료수는 뭘로 드시겠습니까? お飲み物はなんになさいますか? 오노미모노와 난니 나사이마스까
승 객	홍차로 주세요. 紅茶おねがいします。 코-챠 오네가이시마스
승 객	우유 좀 더 주세요. 牛乳おかわりおねがいします。 규-뉴- 오까와리 오네가이시마스
승무원	네, 여기 있습니다. はい、どうぞ。 하이 도-조
승 객	어떤 음료수가 있나요? どういうのがありますか? 도-이우 노가 아리마스까
승무원	커피, 홍차, 오렌지주스가 있습니다. コーヒー、紅茶、オレンジジュースがございます。 코-히- 코-챠 오렌지쥬-스가 고자이마스

승무원	쇠고기와 생선요리가 있습니다만. 牛肉と魚の料理がありますが。 규-니꾸또 사까나노 료-리가 아리마스가
승 객	생선요리로 주세요. 魚料理でお願いします。 사까나료-리데 오네가이시마스
승무원	그릇을 치워도 될까요? おさげしてよろしいですか? 오사게시떼 요로시이데스까
승 객	네, 잘 먹었어요. はい、ごちそうさまでした。 하이 고찌소-사마데시따

비행기타기

❹ 기내 쇼핑

향수를 사고 싶습니다만.
香水を買いたいんですが。
코-스이오 카이타잉데스가

유용한 표현

- 면세품을 사고 싶은데요.
  免税品を買いたいんですが。
  멘제-힝오 카이타잉데스가

- 다른 디자인으로 하고 싶습니다.
  ほかのデザインにしたいんですが。
  호까노 데자인니 시다잉데스가

- 제일 인기 있는 제품은 어느 것입니까?
  一番人気のある製品はどれですか？
  이찌방 닝끼노 아루 세-힝와 도레데스까

- 더 싼 것은 없나요?
  もう少し、安いのはありませんか？
  모- 스꼬시 야스이 노와 아리마셍까

- 이것으로 할게요.
  これにします。
  고레니 시마스

- 비자카드(여행자수표)로 계산할 수 있나요?

  VISAカード(トラベルチェック)を使(つか)えますか?

  비자카-도(토라베루 첵쿠)오 쯔까에마스까

- 현금이나 신용카드 모두 됩니다.

  キャッシュとカード両方使えます。

  캇슈또 카-도 료-호- 쯔까에마스

- 한국 돈으로도 살 수 있습니까?

  ウォンでも買えますか?

  원데모 카에마스까

기내 관련어

구명동의	救命胴衣(きゅうめいどうい)	큐-메이도-이
담요	毛布(もうふ)	모-후
멀미봉투	スローアップ袋(ぶくろ)	스로-압뿌부꾸로
베게	まくら	마쿠

독서등	リーディングライト	리-딩구 라이토
안전벨트	シートベルト	시-토베루토
좌석	座席(ざせき)	자세끼
호출 버튼	呼(よ)び鈴(りん)	요비링
화장실	トイレ	토이레

기장	機長(きちょう)	키쵸-
승무원	乗務員(じょうむいん)	죠-무잉
남승무원	スチュワード	스츄와-도
여승무원	スチュワーデス	스츄와-데스

비행기타기

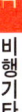

실용회화
Dialogue

승 객	담배를 사고 싶습니다만. タバコを買いたいんですが。 타바코오 카이타잉데스가
승무원	네, 어느 것으로 하시겠습니까? はい、どれにしますか? 하이 도레니 시마스까
승 객	마일드 세븐으로 주세요. マイルドセブンお願いします。 마이루도 세븐 오네가이시마스
승무원	몇 개 드릴까요? いくつしますか? 이꾸쯔 이마스까
승 객	한 보루 주세요. 얼마죠? ひとつください。いくらですか? 히토쯔 구다사이 이꾸라데스까
승무원	2,000엔입니다. 2,000円です。 니셍엔데스

기내식 관련어

음료	飲み物(のみもの)	노미모노
음료수	飲料水(いんりょうすい)	인료-스이
커피	コーヒー	코-히-
홍차	紅茶(こうちゃ)	코-챠
녹차	緑茶(りょくちゃ)	료꾸차
주스	ジュース	쥬-스
맥주	ビール	비-루
위스키	ウイスキー	우이스키-
백포도주	白(しろ)ワイン	시로와잉
적포도주	赤(あか)ワイン	아까와잉
얼음	アイス	아이스
디저트	デザート	데자-토
유료	有料(ゆうりょう)	유-료-
무료	無料(むりょう)	무료-
식사	食事(しょくじ)	쇼꾸지
닭고기	鶏肉(とりにく)	토리니꾸
돼지고기	豚肉(ぶたにく)	부타니꾸
쇠고기	牛肉(ぎゅうにく)	규-니꾸

비행기타기

기내 서비스 요청

멀미가 납니다.
気持わるいです。
키모찌 와루이데스

 멀미

- 멀미봉투 좀 주시겠어요?
  ビニール袋をください。
  비니-루부꾸로오 구다사이

- 소화제(아스피린) 좀 주세요.
  消化剤(アスピリン)をもらえますか?
  쇼-까자이(아스피링)오 모라에마스까

- 두통약 좀 있나요?
  頭痛薬はありますか?
  즈쯔-구스리와 아리마스까

- 찬 물수건 있어요?
  冷やしたおしぼりありますか?
  히야시따 오시보리 아리마스까

- 물 한 컵 갖다 주시겠습니까?
  お水もらえますか?
  오미즈 모라에마스까

 기내 불편사항

- 의자를 젖혀도 될까요?
  座席をたおしてもいいですか？
  자세끼오 타오시떼모 이이데스까

- 주위에서 시끄럽게 해서 잘 수 없어요.
  隣がうるさくて眠れません。
  토나리가 우루사꾸떼 네무레마셍

- 애들이 장난이 심하군요.
  子供がうるさいんです。
  코도모가 우루사잉데스

- 화장실 물이 안 내려갑니다.
  トイレの水が流れません。
  토이레노 미즈가 나가레마셍

- 자리 좀 바꿔 줄 수 있어요?
  座席をかえてもらえますか？
  자세끼오 카에떼 모라에마스까

- 불이 안 켜집니다.
  ランプが消えません。
  람푸가 키에마셍

- 앞 의자가 너무 뒤쪽으로 젖혀져 있어서 그런데요.
  前の椅子が倒されすぎています。
  마에노 이스가 타오사레스기떼 이마스

비행기 타기

기내 요구사항

- 한국어로 된 잡지가 있나요?
  韓国語の雑誌はありませんか?
  캉코꾸고노 잣시와 아리마셍까

- 베개와 담요 좀 주시겠어요?
  まくらと毛布をもらえますか?
  마쿠라또 모-후오 모라에마스까

- 무료입니까?
  無料ですか?
  무료-데스까

- 신문이나 잡지 보시겠습니까?
  新聞とか雑誌はいかがですか?
  심붕또까 잣시와 이까가데스까

- 다른 잡지는 없나요?
  雑誌はありませんか?
  잣시와 아리마셍까

- 모포를 주시겠어요?
  毛布をもらえますか?
  모-후오 모라에마스까

- 영화는 어느 채널에서 합니까?
  映画は何チャンネルですか?
  에-가와 난찬네루데스까

- 잡지를 보여주시겠어요?
  雑誌をもらえますか?
  잣시오 모라에마스까

- 한국신문을 읽고 싶어요.
  韓国の新聞を読みたいんですが。
  캉코꾸노 심붕오 요미타잉데스가

기타 질문

- 화장실은 어디 있나요?
  トイレはどちらですか?
  토이레와 도찌라데스까

- 기내 전화 있습니까?
  機内電話はありませんか?
  키나이뎅와와 아리마셍까

- 펜 좀 얻을 수 있을까요?
  ペンをかしてもらえますか?
  펜오 카시떼 모라에마스까

- 노트북을 사용해도 될까요?
  ノート型パソコンを使ってもいいですか?
  노-토가따 파소콩오 쯔갓떼모 이이데스까

실용회화
Dialogue

승 객	속이 안 좋은데, 비닐봉투 좀 주세요. 気持わるいので、ビニール袋をください。 기모찌 와루이노데 비니-루부꾸로오 구다사이
승무원	좌석 주머니 안에 있습니다. 座席の前にあります。 자세끼노 마에니 아리마스
승 객	찬 물수건 좀 주시겠어요? 冷やしたおしぼりありますか? 히야시따 오시보리 아리마스까
승무원	잠깐만 기다리세요. 少々お待ちください。 쇼-쇼- 오마찌 구다사이
승 객	속이 안 좋은데 소화제 좀 주세요. お腹の具合いがわるいんですが、消化剤をもらえますか? 오나까노 구아이가 와루잉데스가 쇼-까자이오 모라에마스까
승무원	알겠습니다. はい、かしこまりました。 하이 카시꼬마리마시따

승 객	베개 하나 더 주시겠어요? まくらをもうひとつもらえますか? 마쿠라오 모- 히토쯔 모라에마스까	
승무원	네, 잠시만 기다리세요. -はい、少々お待ちください。 하이 쇼-쇼- 오마찌 구다사이	
승 객	신문 좀 주시겠어요? 新聞をもらえますか? 심붕오 모라에마스까	
승무원	네, 여기 있습니다. はい、どうぞ。 하이 도-조	
승 객	동경까지는 얼마나 걸립니까? 東京まではどれぐらいかかりますか? 토-쿄-마데와 도레구라이 가까리마스까	
승무원	약 2시간 반입니다. 約2時間半です。 야꾸 니지깡항데스	
승 객	앞으로 얼마나 걸립니까? 後、どれぐらいかかりますか? 아토 도레구라이 가까리마스까	
승무원	약 1시간 정도입니다. 約1時間ほどです。 야꾸 이찌지깡 호도데스	

비행기 타기

❻ 입국 신고서 작성

이것을 쓰는 법을 가르쳐 주시겠어요?
これの書き方を教えてもらえますか?
고레노 카키카따오 오시에떼 모라에마스까

유용한 표현

- 입국 신고서를 작성해 줄 수 있나요?
  入国申告書を書いてもらえますか?
  뉴-코꾸싱코꾸쇼오 카이떼 모라에마스까

- 여기에 무엇을 써야 합니까?
  ここは何を書けばいいですか?
  고꼬와 나니오 카께바 이이데스까

- 입국 신고서 한 장 더 얻을 수 있을까요?
  入国申告書をもう1枚もらえますか?
  뉴-코싱코꾸쇼오 모- 이찌마이 모라에마스까

- 입국 신고서를 좀 봐주시겠어요?
  入国申告書を見てもらえますか?
  뉴-코꾸싱코꾸쇼오 미떼 모라에마스까

- 출입국카드는 어떻게 쓰는 건가요?
  出入国カードはどのように書けばいいですか?
  슈쯔뉴-코꾸카도와 도노요-니 카케바 이이데스까

입국카드 / 세관 신고서에 나오는 용어

한국어	한자/일본어	영어
• 성	姓	(Family name)
• 이름	名前	(First name)
• 결혼 전 성	旧姓	(Maiden)
• 국적	国籍	(Country of Citizenship)
• 직업	職業	(Occupation)
• 여권번호	番号	(Passport or alien Registration Number)
• 연락처	連絡先	(Address in the Country)
• 이용 항공회사 이름과 편명	航空機便名・船名	(Airline and Flight No.)
• 탑승지	乗機地	(Passenger Boarded at)
• 거주국	ビザの発給地	(Resident of Country)
• 현주소	現住所	(Number, Street, City, Province and country of)
• 출생 연월일	生年月日	(Month, Day and Year of Birth)
• 출생지	出生地	(City, Province and country of Birth)
• 비자발행지	ビザの発給地	(Visa Issued at)
• 서명	署名	(Signature)
• 비자 발행일	ビザの発給日	(Month, Day and Year Visa Issued)
• 동행자 유무	同行者の有無	(Name and Relationship of accompanying Familly)

외국인 출입국카드 ▲

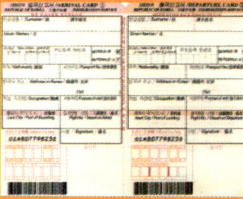

출입국신고서 ▶

❼ 환승

> 환승 카운터는 어디에 있나요?
> **乗り継ぎのカウンターはどちらですか?**
> 노리쯔기노 카운타-와 도찌라데스까

🔊 유용한 표현

- 예약 재확인은 어디서 확인할 수 있나요?
  予約の再確認はどこでするんですか?
  요야꾸노 사이카꾸닝와 도꼬데스룬데스까

- 어디에서 갈아탑니까?
  どこで乗り継ぐんですか?
  도꼬데 노리쯔군데스까

- 이 비행기로 바꿔 타고 싶습니다.
  この便でのりかえたいんですが。
  고노 빙데 노리카에타잉데스

- 탑승시간은 언제입니까?
  搭乗時間はいつですか?
  토-죠-지깡와 이쯔데스까

- 여기서 얼마나 기다려야 합니까?
  ここでどれぐらい待てばいいですか?
  고꼬데 도레구라이 마테바 이이데스까

환승

대합실	待合室(まちあいしつ)	마찌아이시쯔
도심터미널	都心(としん)ターミナル	토싱타-미나루
이륙	離陸(りりく)	리리꾸
입국사증	入国査証(にゅうこくさしょう)	뉴-코꾸사쇼-
출입국카드	出入国(しゅつにゅうこく)カード	슈쯔뉴-코꾸카도
착륙	着陸(ちゃくりく)	챠쿠리꾸
통과여객	乗(の)り継(つ)ぎのお客(きゃく)	노리쯔기노 오캬꾸
통과패스	乗(の)り継(つ)ぎ航空券(こうくうけん)	노리쯔기코-꾸껭
항공시간표	離発着表(りはっちゃくひょう)	리핫챠꾸효-
환승편	乗(の)り継(つ)ぎフライト	노리쯔기후라이또

비행기타기

실용회화
Dialogue

여행자	짐을 찾아야 합니까? 手荷物をうけとるんですか? 테니모쯔오 우께토룬데스까
직 원	아니오, 그것은 자동으로 귀하의 연결편으로 이송됩니다. いいえ、それは、航空会社から乗り継ぎ便に乗せてもらうことになっております。 이이에 소레와 코-꾸-가이샤까라 노리쯔기빈니 노세떼모라우 코또니 낫떼오리마스
여행자	이 공항에서 얼마나 기다려야 합니까? この空港でどれぐらい待つんですか? 고노 쿠-꼬-데 도레구라이 마쯘데스까
직 원	약 1시간 정도입니다. 約1時間ほどです。 야꾸 이찌지깡 호도데스

공항 도착

1. 입국 심사
2. 세관 검사
3. 수하물 찾기
4. 환전
5. 호텔로 이동

일본에서 가장 많이 보게 될 글이다 ▶

❶ 입국 심사

> 입국 목적은 무엇입니까?
> **入国目的は何ですか?**
> 뉴-코꾸목떼끼와 난데스까

🖐 유용한 표현

▲ NAGOYA (나고야) 입국심사대

- 관광(출장)입니다.
  観光(出張)です。
  캉꼬-(숫쵸-)데스

- 직업은 무엇입니까?
  お仕事は何ですか?
  오시고또와 난데스까

- 여행지는 어디에요?
  旅行先はどこですか?
  료꼬-사키와 도꼬데스까

- 티켓을 보여주세요.
  チケットをみせてください。
  치켓토오 미세떼 구다사이

- 어디에서 머물건가요?
  どこにとまりますか?
  도꼬니 토마리마스까

- 체류기간은 며칠입니까?
  ### 滞在期間は何日間ですか?
  타이자이끼깡와 난니찌깡데스까

- 일본에 친척은 있습니까?
  ### 日本に親戚はいますか?
  니혼니 신세끼와 이마스까

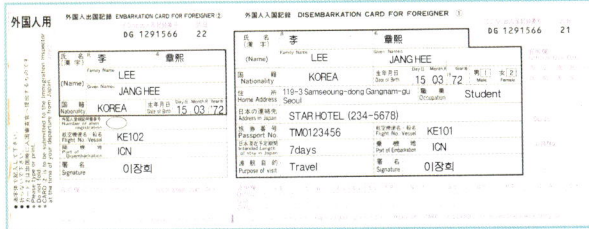

▲ 외국인 출입카드

실용회화 Dialogue

입국 심사관	여권 좀 보겠습니다. パスポートをはいけんします。 파스포-또오 하이켄시마스
여행자	네, 여기 있습니다. はい、どうぞ。 하이 도-조
입국 심사관	어떤 일을 하시나요? どんなお仕事をなさっていますか? 돈나 오시고또오 나삿떼 이마스까
여행자	무역회사에서 일하고 있습니다. 貿易会社に勤ています。 보-에끼가이샤니 쯔토메떼 이마스
입국 심사관	결혼은 하셨습니까? 結婚はなさってますか? 켁꽁와 나삿떼마스까
여행자	아니오, 미혼입니다. いいえ、未婚です。 이이에 미꼰데스

어휘

입국	入国(にゅうこく)	뉴-코꾸
개인 소유물	私物(しぶつ)	시부쯔
관광	観光(かんこう)	캉꼬-
관세법	関税法(かんぜいほう)	칸제-호-
면세품	免税品(めんぜいひん)	멘제-힝
반입 금지품	搬入禁止品(はんにゅうきんしひん)	한뉴-킨시힝
세관	税関(ぜいかん)	제-깡
식물검사	植物検査(しょくぶつけんさ)	쇼꾸부쯔켄사
신고하다	申告(しんこく)する	싱코꾸스루
생활용품	生活用品(せいかつようひん)	세-카쯔요-힝
여행객	旅行客(りょこうきゃく)	료코-캬꾸
왕복표	往復(おうふく)チケット	오-후쿠 치켓토
짐수레	カート	카-토

입국심사 때 꼭 필요한 서류들

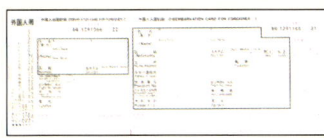

▲ 외국인 출입카드

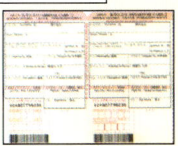

▲ 출입국 신고서

▼ 여권

❷ 세관 검사

디지털 카메라를 신고하려고 합니다.
デジタルカメラを申告しようと思っています。
데지타루카메라오 싱코꾸시요-또 오못떼 이마스

 유용한 표현

- 가방을 열어주시겠습니까?
  カバンを開けてもらえますか?
  카방오 아께떼 모라에마스까

- 짐안의 내용물은 무엇입니까?
  手荷物の中身は何ですか?
  테니모쯔노 나까미와 난데스까

- 내용물을 좀 보여 주시겠습니까?
  中身を見せてらえますか?
  나까미오 미세떼 모라에마스까

- 신고할 물건이 하나도 없습니다.
  申告するものはありません。
  싱코꾸스루 모노와 아리마셍

- 이것이 클레임 택입니다.
  これが手荷物の預り証です。
  고레가 테니모쯔노 아즈까리쇼-데스

- 세금을 내야 합니까?
  税金を払うのですか？
  제-낑오 하라우노데스까

- X선 검사는 하지 마세요.
  レントゲンは通さないでください。
  렌토겡와 토오사나이데 구다사이

- 식물이나 동물이 있습니까?
  植物とか動物なんかはありますか？
  쇼꾸부쯔또까 도-부쯔낭까와 아리마스까

- 그 영수증을 보여 주시겠어요?
  その領収書を拝見できますか？
  소노 료-슈-쇼오 하이껜데끼마스까

- 이 짐을 면세취급해 주세요.
  この荷物を免税扱いにしてください。
  고노 니모쯔오 멘제-아쯔까이니 시떼구다사이

- 네, 됐습니다.
  はい／O.K.です。
  하이 옥께-데스

실용회화
Dialogue

세관 검사관	신고할 것은 없습니까? 申告するものはありませんか。 싱코꾸스루 모노와 아리마셍까
여 행 자	위스키 한 병이 있습니다. ウィスキー1本あります。 위스키- 입뽕 아리마스
세관 검사관	안에는 뭐가 있나요? 中身は何ですか。 나까미와 난데스까
여 행 자	개인 소지품밖에 없어요. 私物しかありません。 시부쯔시까 아리마셍
세관 검사관	식물이나 동물은 없습니까? 植物とか動物なんかはありませんか。 쇼꾸부쯔또까 도-부쯔낭까와 아리마셍까
여 행 자	네, 없습니다. はい、ありません。 하이 아리마셍

세관 검사관	이것은 무엇입니까? これは何ですか? 고레와 난데스까	

여 행 자	제 친구에게 줄 선물입니다. 友だちへのプレゼントです。 토모다찌에노 푸레젠토데스	

세관 검사관	이것뿐입니까? これだけですか? 고레다께데스까	

여 행 자	네, 그렇습니다. はい、そうです。 하이 소-데스	

세관 검사관	얼마짜리인가요? いくらでしたか? 이꾸라데시타까	

여 행 자	2만엔이었습니다. 2万円だったんです。 니망엔 닷딴데스	

공항 도착

③ 수하물 찾기

제 가방을 못 찾았는데요.
カバンが見つかりません?
카방가 미쯔까리마셍

 유용한 표현

- 하물은 어디서 찾습니까?
  手荷物はどこで受け取りますか?
  테니모쯔와 도꼬데 우께토리마스까

- 제 짐을 찾아주세요.
  わたしの荷物を見つけてください。
  와타시노 니모쯔오 미쯔께떼 구다사이

- 수하물 보관증 있습니까?
  手荷物の預り証は持ってますか?
  테니모쯔노 아즈까리쇼-와 못떼마스까

- 짐을 찾으면 연락해 주세요.
  荷物が見つかりましたら、ご連絡ください。
  니모쯔가 미쯔까리마시타라, 고렝라꾸 구다사이

- 어디서 가방을 받을 수 있나요?
  カバンはどこで受け取れますか?
  카방와 도꼬데 우께토레마스까

- 짐을 옮겨 주시겠어요?

  荷物をはこんでもらえますか?

  니모쯔오 하꼰데 모라에마스까

- 어떤 짐인가요?

  どれですか?

  도레데스까

- 제 짐이 아닌데요.

  わたしの荷物ではありません。

  와타시노 니모쯔데와 아리마셍

- 가방을 잘못 알았습니다.

  カバンを間違えました。

  카방오 마찌가에마시따

- 이 카트 써도 되나요?

  このカートを使っていいですか?

  고노 카-토오 쯔깟떼 이이데스까

 어 휘

· 수하물	手荷物	테니모쯔
· 수하물 보관증	手荷物の預り証	테니모쯔노 아즈까리쇼-
· 가방	カバン	카방
· 짐수레	カート	카-도

❹ 환전

엔으로 바꿔주십시오.
円でかえてもらいたいんですが。
엔데 까에떼 모라이타잉 데스가

유용한 표현

- 3만엔 정도 환전하고 싶습니다.
  3万円ほど両替したいです。
  삼망엥 호도 료-가에시타이데스

- 환전 부탁합니다.
  両替おねがいします。
  료-가에 오네가이시마스

- 환전은 어디에서 합니까?
  両替はどこでやればいいですか？
  료-가에와 도꼬데 야레바 이이데스까

- 환전해 주시겠어요?
  両替（りょうがえ）してもらえますか？
  료-가에시떼 모라에마스까

- 원화를 엔으로 바꿔주십시오.
  ウォンを円（えん）にかえてもらいたいんです。
  원오 엔니 카에떼 모라이타잉데스

- 환율이 어떻게 됩니까?

  為替(かわせ)はどうなっていますか?

  카와세와 도-낫떼 이마스까

- 환전 수수료는 얼마입니까?

  手数料(てすうりょう)はいくらですか?

  테스-료-와 이꾸라데스까

- 여행자수표를 현금으로 바꿔주세요.

  トラベルチェックを現金(げんきん)にかえてください。

  토라베루 첵쿠오 겡낑니 카에떼 구다사이

- 은행은 몇 시까지 합니까?

  銀行(ぎんこう)は何時(なんじ)までやってますか?

  깅꼬-와 난지마데 얏떼마스까

- 여기에 사인해 주세요.

  ここにサインをしてください。

  고꼬니 사잉오 시떼구다사이

공항 도착

일본의 동전

1엔　　5엔　　10엔　　50엔　　100엔　　500엔

실용회화
Dialogue

직 원	어떻게 바꿔 드릴까요? どのようにさしあげましょうか? 도노요-니 사시아게마쇼-까
여행자	만엔 짜리 2장, 5천엔 짜리 1장, 그리고 나머진 천엔 짜리로 주세요. 1万円札2枚、5千円札1枚、そして、ほかは千円札でお願いします。 이찌망엠사쯔 니마이 고셍엔사쯔 이찌마이 소시떼 호까와 셍엔사쯔데 오네가이시마스
직 원	얼마를 환전하시겠습니까? いくら両替しますか? 이꾸라 료-가에 시마스까
여행자	20만원이요. 20万ウォンです。 니쥬-망원데스

일본의 지폐

1000엔

5000엔

10000엔

어휘

· 은행	銀行(ぎんこう)	깅꼬-
· 환전	両替(りょうがえ)	료-가에
· 바꾸다	かえる	카에루
· 서명	サイン	사잉
· 여행자수표	トラベルチェック	토라베루첵쿠
· 엔	円(えん)	엥
· 잔돈	こぜに	코제니
· 주화	コイン	코잉
· 지폐	紙幣(しへい)	시헤-
· 창구	窓口(まどぐち)	마도구찌
· 통화	通貨(つうか)	쯔-까
· 환전률	為替(かわせ)レート	카와세레-또

환전시 주의 사항

1. 철저한 계획을 세워 경비가 남거나 부족하여 추가 환전을 하지 않도록 한다.
2. 동전은 재환전되지 않기 때문에 가능하면 동전을 먼저 지출하여 동전이 남지 않도록 한다.
3. 환전을 하고 나면 계산기로 환율과 받은 금액을 반드시 확인해 본다.
4. 세계환율표를 만들어 가지고 다니면 여행경비를 조금이라도 줄일 수 있으며, 물가와 비교할 수 있어 경비의 계획성 있는 지출이 가능하다.
5. 여행자수표 환전시 사인은 직원이 보는 데서 하고 다른 사람에게 양도하지 않는다.

❺ 호텔로 이동

리무진은 어디에서 탑니까?
リムジンはどこで乗れますか?
리무징와 도꼬데 노레마스까

 유용한 표현

- 요금은 얼마입니까?
  料金はいくらですか?
  료-낑와 이꾸라데스까

- 호텔까지 어떻게 갑니까?
  ホテルまではどうやって行けばいいですか?
  호테루마데와 도-얏떼 이께바 이이데스까

- 호텔까지 몇 분 걸립니까?
  ホテルまではどれぐらいかかるんですか?
  호테루마데와 도레구라이 가까룬데스까

- 택시 타는 곳은 어디입니까?
  タクシ乗り場はどこですか?
  타쿠시노리바와 도꼬데스까

- 호텔을 예약해 주세요.
  ホテを予約してください。
  호테루오 요야꾸시떼 구다사이

명소 · 볼거리

◎ 동경의 명소 · 볼거리 1

도쿄는 일본의 정치 및 경제의 중심일 뿐만 아니라, 세계의 경제, 문화의 중심지로 발전하였다. 그런 만큼 볼 만한 곳도 많다. 세계의 유명 브랜드가 모여있는 "긴자", 불야성이라고도 일컬어지는 "신주쿠", 전통문화의 향기가 남아있는 "아사쿠사", 젊은층 문화의 발신기지인 "시부야" 등 대규모 번화가뿐만 아니라, 전기상가가 밀집해 있어 외국인 쇼핑객들의 모습도 눈에 띄는 컴퓨터 거리 "아키하바라", 일본의 식탁을 책임지는 "쓰키지 시장" 등 특색있는 거리가 많이 있다.

■ 신주쿠(新宿)

신주쿠는 도쿄 도청을 중심으로 고층빌딩이 들어서 있는 오피스가인 "니시구치 에리어"와 쇼핑과 오락 등 복합시설을 중심으로 한 "신주쿠"의 새로운 얼굴인 "미나미구치 에리어", 불야성이라고도 일컬어지는 "가부키초"를 중심으로 한 일본 유수의 환락가 등으로 크게 나눌 수 있다. 그리고, 백화점 등 대형점포가 즐비한 "히가시구치 에리어"가 있다. 우리 나라에서 유행했던 만화책의 배경으로 유명한 마이 시티와 더불어 스튜디오 알타는 주말에 젊은이들의 약속 장소로 인기 있는 신주쿠의 명소 중 하나이다. 이곳은 꼭 주말에 가야 제맛(?)

을 느낄 수 있다. 그리고 잘 찾아보면 아키하바라보다 저렴하게 카메라를 구입할 수 있는 곳도 있다. 환락의 거리 가부키초를 가로질러 가면 한국 식당들이 밀집한 곳이 있다. 여행 중 한국 음식이 생각나면 한 번 들러보는 것도 묘미!

"히가시구치" 주변의 번화가에서 10분 거리의 남쪽에는 1906년 프랑스인 기사의 지도 아래 만들어진 일본 유수의 풍경식 정원인 "신주쿠교엔"이 있다. 플라타너스 가루수가 아름다운 프랑스식 정원과 높이 솟은 나무들, 넓은 진디밭의 영국식정원, 그리고 여기에 창포 연못과 찻집 등을 배치한 일본식 정원이 서로 조화를 잘 이루고 있다. 58.7ha의 넓이를 가진 녹음 짙은 공간은 역 주변의 번잡함이 거짓말인 것처럼 한적한 정취에 둘러싸여 있으며, 대도심 도쿄의 한복판에 있음에도 꽃과 야조류의 명소로 알려져 찾는 이들의 발길이 끊이지 않는다.

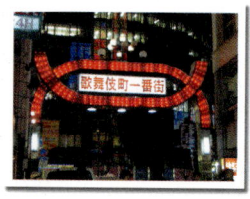

교통수단

1. 버스
2. 기차
3. 택시
4. 자전거
5. 선박
6. 지하철
7. 렌터카
8. 주유소
9. 드라이브

동경시내를 관광할 수 있는 하토버스

① 버스

3번 버스는 어디에서 탑니까?
3番バスはどこで乗れますか？
삼반바스와 도꼬데 노레마스까

🐝 버스 정보

- 동경행 리무진은 어디서 탑니까?
  東京行のリムジンはどこで乗れますか？
  토-쿄-유끼노 리무징와 도꼬데 노레마스까

- 막차(첫차)는 몇 시죠?
  最終便(始発便)は何時ですか？
  사이슈-빙(시하쯔빙)와 난지데스까

- 신쥬꾸까지 가는 리무진도 있습니까?
  新宿までのリムジンもありますか？
  신쥬꾸마데노 리무진모 아리마스까

- 우에노에는 어떻게 가면 됩니까?
  上野にはどのように行けばいいですか？
  우에노니와 도노요-니 이께바 이이데스까

- 힐튼호텔에서 제일 가까운 정류장은 어디입니까?
  ヒルトンホテルから一番ちかいバス停はどこですか？
  히루톤호테루까라 이찌방 찌까이 바스테-와 도꼬데스까

- 동경으로 가는 버스 정류장은 어디입니까?
  東京行のバス停はどこですか?
  토-쿄-유끼노 바스테-와 도꼬데스까

- 이 버스는 동경으로 갑니까?
  このバスは東京に行きますか?
  고노 바스와 토-쿄-니 이끼마스까

- 다음 정류장은 어디입니까?
  次の停留場はどこですか?
  쯔기노 테-류-죠-와 도꼬데스까

- 갈아탑니까?
  乗り換えますか?
  노리카에마스까

- 어디에서 갈아타야 합니까?
  どこで乗り換えますか?
  도꼬데 노리카에마스까

- 어느 정도 시간이 걸립니까?
  どのぐらいかかりますか?
  도레구라이 가까리마스까

- 버스가 몇 시에 출발합니까?
  バスは何時に出発しますか?
  바스와 난지니 숩빠쯔 시마스까

교통 수단

버스 안

- 자리 있습니까?
  ### この席は空いていますか?
  고노 세끼와 아이떼 이마스까

- 버스를 잘못 탔어요.
  ### バスに乗り間違えました。
  바스니 노리마찌가에마시따

- 이 자리에 앉아도 좋습니까?
  ### この席に座ってもいいですか?
  고노 세끼니 스왓떼모 이이데스까

- 여기서 내려 주세요.
  ### ここで止めてください。
  고꼬데 토메떼 구다사이

- 신쥬꾸에 설 때 가르쳐 주세요.
  ### 新宿に着いたら、教えてください。
  신쥬꾸니 쯔이따라 오시에떼 구다사이

- 여기서(다음에) 내립니다.
  ### こんど(つぎで)降ります。
  곤도(쯔기데) 오리마스

- 도중에 내려도 됩니까?
  ### 途中で降りてもいいですか?
  토츄-데 오리떼모 이이데스까

목적지

- 힐튼호텔에 갑니까?
  ヒルトンホテルに行きますか？
  히루톤호테루니 이끼마스까

- 이께부꾸로행은 몇 시에 출발합니까?
  池袋行は何時に出発しますか？
  이께부꾸로유끼와 난지니 슙빠쯔시마스까

- 하라쥬꾸는 몇 번 버스가 갑니까?
  原宿には何番バスが行きますか？
  하라쥬꾸니와 난방바스가 이끼마스까

- 여기에서 몇 정거장입니까?
  ここからいくつめですか？
  고꼬까라 이꾸쯔메데스까

- 힐튼호텔 근처에 섭니까?
  ヒルトンホテルのちかくに止りますか？
  히루톤호테루노 찌까꾸니 토마리마스까

- 힐튼호텔은 몇 번째에서 섭니까?
  ヒルトンホテルはいくつめですか？
  히루톤호테루와 이꾸쯔메데스까

- 힐튼호텔에 도착하면 가르쳐 주세요.
  ヒルトンホテルに着いたら、教えてください。
  히루톤호테루니 쯔이따라 오시에떼 구다사이

교통수단

차표

- 동경행 한 장 주세요.
  東京まで1枚ください。
  토-쿄-마데 이찌마이 구다사이

- 신쥬꾸행 좌석을 예매하려고 합니다.
  新宿までの指定席を予約したいんですが。
  신쥬꾸마데노 시테-세끼오 요야꾸시타잉데스가

- 내일 8시 왕복표로 주십시오.
  明日8時ので往復チケットをおねがいします。
  아시타 하찌지노데 오-후꾸 치켓토오 오네가이시마스

- 매표소는 어디에 있습니까?
  切符売り場はどこですか?
  깁뿌우리바와 도꼬데스까

- 차표는 어디서 삽니까?
  切符はどこで買えますか?
  깁뿌와 도꼬데 카에마스까

- 버스 안에서 표를 구입할 수 있나요?
  バスの中で切符を買えますか?
  바스노 나까데 깁뿌오 카에마스까

- 버스요금은 얼마입니까?
  バス料金はいくらですか?
  바스료-낑와 이꾸라데스까

실용회화
Dialogue

A	버스는 몇 분마다 있습니까? バスは何分おきにありますか? 바스와 난뿡오끼니 아리마스까
B	10분마다 운행합니다. 10分おきにあります。 쥽뿡오끼니 아리마스
A	내릴 때는 어떻게 합니까? 降りるときはどうすればいいですか? 오리루 도끼와 도-스레바 이이데스까
B	벨을 누르면 됩니다. ベールを押せばいいです。 베-루오 오세바 이이데스
A	우에노로 가는 버스는 어디에서 탑니까? 上野行のバスはどこで乗りますか? 우에노유끼노 바스와 도꼬데 노리마스까
B	저쪽입니다. あちらです。 아찌라데스

교통 수단

❷ 기차

예약은 어디서 하나요?
予約はどこでするんですか?
요야꾸와 도꼬데 스룬데스까

예약

나리타 익스프레스 ▶

- 티켓 예약하고 싶습니다만.
  チケットを予約したいんですが。
  치켓토오 요야꾸시타잉데스가

- 동경까지의 지정석을 예약하고 싶습니다.
  東京までの指定席を予約したいです。
  토-쿄-마데노 시테-세끼오 요야꾸시타이데스

- 죄송합니다만, 현재 만석입니다.
  すみませんが、現在、満席です。
  스미마셍가 겐자이 만세끼데스

- 우에노까지 자유석을 부탁합니다.
  上野まで自由席でおねがいします。
  우에노마데 지유-세끼데 오네가이시마스

- 식당칸은 어디에 있습니까?
  食堂車はどこにありますか?
  쇼꾸도-샤와 도꼬니 아리마스까

- 식당칸(침대칸)은 있습니까?

  食堂車(寝台車)はありますか?
  쇼꾸도-샤(신다이샤)와 아리마스까

- 오사카행 지정석을 예약하려고 합니다.

  大阪行の指定席を予約したいんです。
  오-사까유끼노 시테-세끼오 요야꾸시타잉데스

- 예약을 변경하려고 합니다.

  予約を変更したいんです。
  요야꾸오 헹꼬-시타잉데스

- 자유석으로 주십시오.

  自由席でおねがいします。
  지유-세끼데 오네가이시마스

 기차표

▲ 신간센 예약 좌석권

- 오사카까지 2장 주세요.

  大阪まで2枚おねがいします。
  오-사까마데 니마이 오네가이시마스

- 매표소는 어디입니까?

  切符売り場はどこですか?
  깁뿌우리바와 도꼬데스까

- 지정석으로 주십시오.

  指定席でおねがいします。

  시테-세끼데 오네가이시마스

- 왕복표 1장 주세요.

  往復で1枚ください。

  오-후꾸데 이찌마이 구다사이

〈노조미〉

- 편도 기차표 3장 주세요

  片道で3枚ください。

  카타미찌데 삼마이 구다사이

〈히까리〉

- 성인 2장, 어린이 1장 주세요.

  大人2枚,子供1枚ください。

  오토나 니마이 코도모 이찌마이 구다사이

〈고다마〉

- 가장 빨리 출발하는 표로 주십시오.

  一番早いのでおねがいします。

  이찌방 하야이노데 오네가이시마스

- 표를 잃어버렸습니다.

  切符を忘れてしまいました。

  깁뿌오 와스레떼 시마이마시따.

- 특급권으로 주십시오.

  特急券でください。

  톡큐-껜데 구다사이

행선지 확인

- 이 열차는 동경으로 갑니까?
  この電車は東京行ですか?
  고노 덴샤와 토-쿄-유끼데스까

- 열차를 잘못 탔습니다.
  電車を間違えました。
  덴샤오 마찌가에마시따

- 오사까에 몇 시에 도착합니까?
  大阪には何時に着きますか?
  오-사까니와 난지니 쯔끼마스까

- 오사까행 열차는 매일 있습니까?
  大阪行の電車は毎日ありますか?
  오-사까유끼노 덴샤와 마이니찌 아리마스

- 이 열차는 요코하마까지 갑니까?
  この電車は横浜まで行きますか?
  고노 덴샤와 요꼬하마마데 이끼마스까

- 다음 역은 어디입니까?
  次の駅はどこですか?
  쯔기노 에끼와 도꼬데스까

◀ 스카이 라이너

출발

- 5번 플랫폼은 어디입니까?

    5番ホームはどこですか？

    고방호-무와 도꼬데스까

- 급행열차가 있습니까?

    急行はありますか？

    큐-꼬-와 아리마스까

- 하코네는 몇 번 플랫폼입니까?

    箱根行は何番ホームですか？

    하꼬네유끼와 난방호-무데스까

- 여기는 무슨 역입니까?

    ここは何駅ですか？

    고꼬와 나니에끼데스까

- 몇 번 홈입니까?

    何番ホームですか？

    난방호-무데스까

- 다음 열차는 몇 시에 있습니까?

    次の電車は何時にありますか？

    쯔기노 덴샤와 난지니 아리마스까

- 출발 시간은 몇 시입니까?

    出発時間は何時ですか？

    슙빠쯔지깡와 난지데스까

열차 안

- 이 좌석은 어디 있나요?

  この席はどこですか？
  고노 세끼와 도꼬데스까

- 이 자리 비어 있습니까?

  この席は空いてますか？
  고노 세끼와 아이떼마스까

- 창문을 열어도 좋습니까?

  窓を開けていいですか？
  마도오 아께떼 이이데스까

- 짐을 선반 위에 올려 주시겠어요?

  お荷物を棚の上にのせてもらえますか？
  오니모쯔오 타나노 우에니 노세떼 모라에마스까

- 여기는 제 자리입니다.

  ここは私の席です。
  고꼬와 와타시노 세끼데스

- 여기서는 어느 정도 정차합니까?

  ここでどれぐらい停車しますか？
  고꼬데 도레구라이 테-샤시마스까

- 도중 하차할 수 있습니까?

  途中で降りていいですか？
  토츄-데 오리떼 이이데스까

실용회화
Dialogue

A	우에노행 다음 기차는 몇 시에 출발합니까? 上野行の次の電車は何時に出ますか? 우에노유끼노 쯔기노 덴샤와 난지니 데마스까
B	3시에 떠나는 특급열차가 있습니다. 3時に出る特急があります。 산지니 데루 톡 큐-가 아리마스
A	그럼 그걸로 세 장 주세요. では、それで3枚ください。 데와 소레데 삼마이 구다사이
B	왕복입니까, 편도입니까? 往復ですか? 片道ですか? 오-후꾸데스까 카타미찌데스까
A	편도로 주세요. 片道でおねがいします。 카타미찌데 오네가이시마스
B	6천엔입니다. 6千円です。 록셍엔데스

기차 관련어

- 철도 · 鉄道(てつどう) · 테쯔도-
- 역 · 駅(えき) · 에끼
- 표 · チケット · 치켓또
- 매표소 · 切符(きっぷ)売り場(うりば) · 깁뿌우리바

- 급행열차 · 急行(きゅうこう) · 큐-꼬-
- 특급열차 · 特急(とっきゅう) · 톡큐-
- 보통열차 · 普通(ふつう) · 후쯔-
- 주간열차 · 昼間列車(ちゅうかんれっしゃ) · 츄-깐렛샤
- 야간열차 · 夜行列車(やこうれっしゃ) · 야꼬-렛샤
- 침대차 · 寝台車(しんだいしゃ) · 신다이샤
- 식당차 · 食堂車(しょくどうしゃ) · 쇼꾸도-샤

- 급행요금 · 急行料金(きゅうこうりょうきん) · 큐-꼬-료-낑
- 침대요금 · 寝台料金(しんだいりょうきん) · 신다이료-낑
- 편도표 · 片道(かたみち)チケット · 카타미찌 치켓또
- 왕복표 · 往復(おうふく)チケット · 오-후쿠 치켓또

- 1등석 · ファーストクラス · 화-스토쿠라스
- 일반석 · エコノミクラス · 에코노미쿠라스
- 좌석 · 座席(ざせき) · 자세끼
- 지정석 · 指定席(していせき) · 시테-세끼
- 자유석 · 自由席(じゆうせき) · 지유-세끼

교통수단

❸ 택시

(주소를 보여주며) 이 주소로 가 주세요.
この住所のところまでおねがいします。
고노 쥬-쇼노 도꼬로마데 오네가이시마스

 행선지

- 신쥬쿠프린스호텔까지 가 주세요.
  新宿プリンスホテルまでおねがいします。
  신쥬꾸프린스호테루마데 오네가이시마스

- 택시는 어디서 탑니까?
  タクシはどこで乗れますか?
  타쿠시와 도꼬데 노레마스까

- 공항까지 시간이 얼마나 걸립니까?
  空港まではどれぐらいかかりますか?
  쿠-꼬-마데와 도레구라이 가까리마스까

- 다음에서 왼쪽(오른쪽)으로 돌아 주세요.
  次のかどを左(右)にまがってください。
  쯔기노 카도오 히다리(미기)니 마갓떼 구다사이

- 똑바로 가세요.
  まっすぐ行ってください。
  맛스구 잇떼 구다사이

 택시 안

- 여기서 세워주세요.
  このへんで止めてください。
  고노 헨데 토메떼 구다사이

- 창문을 열어도 될까요?
  窓を開けていいですか?
  마도오 아께떼 이이데스까

- 여기서 잠시만 기다려 주시겠습니까?
  ここでちょっと待ってもらえますか?
  고꼬데 춋또 맛떼 모라에마스까

- 서둘러 주세요.
  もうすこし急いでください。
  모-스꼬시 이소이데 구다사이

- 천천히 가 주세요.
  もうすこしゆっくり行ってください。
  모-스꼬시 윳꾸리 잇떼 구다사이

- 잔돈은 가지세요. / 팁입니다.
  こぜにはいいです。/ チップです。
  코제니와 이이데스 / 칩뿌데스

- 트렁크를 열어 주세요.
  トランクを開けてください。
  토랑쿠오 아께떼 구다사이

실용회화
Dialogue

택시 운전수	어디까지 가십니까? どこまでいらっしゃいますか? 도꼬마데 이랏샤이마스까
승 객	신쥬꾸역으로 가주세요. 新宿駅までおねがいします。 신쥬꾸에끼마데 오네가이시마스

택시 운전수	신쥬꾸역 어디신가요? 新宿駅のどこですか? 신쥬꾸노 도꼬데스까
승 객	동쪽출구 쪽으로 가 주세요. 東口のほうにいってください。 히가시구찌노 호-니 잇떼 구다사이

승 객	네, 여기쯤이면 됩니다. はい、このへんでいいです。 하이 고노 헨데 이이데스
택시 운전수	감사합니다. ありがとうございました。 아리가또-고자이마스

어휘

거스름돈	おつり	오쯔리
기본요금	基本料金(きほんりょうきん)	키혼료-낑
미터계	メーター	메-타-
택시	タクシー	타쿠시-
운전사	運転手(うんてんしゅ)	운뗀슈
택시승차장	タクシー来(の)り場(ば)	타쿠시-노리바
요금	料金(りょうきん)	료-낑
할증	割増(わりぞう)	와리조-

교통 수단

❹ 자전거

자전거 보관하는 곳
自転車置き場
지뗀샤 오끼바

유용한 표현

- 공기를 주입해 주세요.
  空気を注入してください。
  쿠-끼오 츄-뉴- 시떼구다사이

- 브레이크가 이상해요.
  ブレーキがおかしいです。
  부레-끼가 오까시이데스

- 여기다 놓으면 되나요?
  ここに置けばいいですか?
  고꼬니 오께바 이이데스까

- 반납하려고 합니다.
  返したいのですが。
  카에시타이노데스가

- 보증금을 돌려주십시오.
  保証金を返してください。
  호쇼-낑오 카에시떼 구다사이

- 타이어가 펑크났어요.
  タイヤがパンクしました。
  타이야가 팡꾸시마시따

- 자전거를 대여하고 싶은데요.
  自転車をレンタルしたいんですが。
  지뗀샤오 렌타루 시타잉데스가

- 자전거를 하루 동안 빌리고 싶은데요.
  自転車を1日ぐらいかりたいんです。
  지뗀샤오 이찌니찌구라이 카리타잉데스

- 얼마입니까?
  いくらですか?
  이꾸라데스까

▲ 자전거 보관소

❺ 선박

1등석으로 주세요.
ファーストクラスでください。
화-스토쿠라스데 구다사이

 예약

- 부산까지 예약하고 싶습니다.
  釜山まで予約したいです。
  부산마데 요야꾸시타이데스

- 제일 싼 자리는 얼마인가요?
  一番安いのはいくらですか?
  이찌방 야스이노와 이꾸라데스까

- 일반석은 얼마인가요?
  エコノミクラスはいくらですか?
  에코노미 쿠라스와 이꾸라데스까

- 요금은 어디에서 받습니까?
  料金はどこで払うんですか?
  료-낑와 도꼬데 하라운데스까

- 티켓은 어디에서 삽니까?
  チケットはどこでかえるんですか?
  치켓토와 도꼬데 카에룬데스까

출항

- 언제 출항합니까?
  いつ出航しますか?
  이쯔 슛꼬-시마스까

- 어디에서 승선합니까?
  どこで乗りますか?
  도꼬데 노리마스까

- 승선 시간은 몇 시입니까?
  乗船時間は何時ですか?
  죠-센지깡와 난지데스까

- 배멀미가 납니다.
  船酔いがします。
  후나요이가 시마스

- 의사를 불러 주세요.
  医者を呼んでください。
  이샤오 욘데구다사이

- 부산까지는 어느 정도 걸립니까?
  釜山まではどれぐらいかかりますか?
  부산마데와 도레구라이 가까리마스까

- 몇 시에 배를 타면 됩니까?
  何時に乗ればいいですか?
  난지니 노레바 이이데스까

❻ 지하철

우에노로 가는 것은 어느 선입니까?
上野行は何番線ですか?
우에노유끼와 난반센데스까

 유용한 표현

- 가장 가까운 역은 어디 있습니까?
  最寄りの駅はどこですか?
  모요리노 에끼와 도꼬데스까

- 동경에 가려면 어디서 갈아타야 합니까?
  東京に行くためには、どこで乗り換えればいいですか?
  토-쿄-니 이꾸타메니와 도꼬데 노리까에레바 이이데스까

- 어느 역에서 타면 됩니까?
  どの駅で乗ればいいですか?
  도노 에끼데 노레바이이데스까

- 지하철표는 어디에서 삽니까?
  地下鉄の切符はどこで買えますか?
  치카테쯔노 깁뿌와 도꼬데 카에마스까

- 지하철 노선도 좀 받을 수 있어요?
  地下鉄の路線図をもらえますか?
  치카테쯔노 로센즈오 모라에마스까

- 신쥬꾸까지 한 장 주세요.

  新宿まで1枚ください。

  신쥬꾸마데 이찌마이 구다사이

- 프린스호텔로 나가는 출구는 어디입니까?

  プリンスホテルへの出口はどこですか?

  푸린스호테루에노 데구찌와 도꼬데스까

- 어느 역에서 내려야 합니까?

  どの駅でおりればいいですか?

  도노 에끼데 오리레바 이이데스까

 어휘

· 갈아타는 곳	乗り換え(のりかえ)	노리까에
· 매표소	切符売り場(きっぷうりば)	깁뿌우리바
· 입구	入り口(いりぐち)	이리구찌
· 출구	出口(でぐち)	데구찌
· 플랫폼	ブラットホーム	푸랏또호-무

교통수단

실용회화
Dialogue

A	동경까지 얼마에요? 東京までいくらですか? 토-쿄-마데 이꾸라데스까
B	150엔입니다. 150円です。 햐꾸고쥬-엔데스
A	우에노로 가는 것은 어느 선입니까? 上野に行くのは何番線ですか? 우에노니 이꾸노와 난반센데스까
B	3번선입니다. 3番線です。 삼반센데스
A	거기까지 얼마나 걸립니까? あそこまではどれぐらいかかりますか? 아소꼬마데와 도레구라이 가까리마스까
B	약 15분 정도 걸립니다. 15分ほどかかります。 쥬-고훙 호도 가까리마스

JR 패스 ▶

일본의 지하철

일본은 지하철이 잘 발달된 곳으로 유명하다. 따라서 지하철은 일본을 여행할 때 가장 잘 이용해야 할 교통수단 중의 하나이다. 일본은 세계에서 손꼽힐 정도로 물가가 비싸다. 그 중에서도 교통비는 여행객들의 주머니를 가볍게 하는 주범(?) 중의 하나다.

일본의 지하철은 구간에 따라 운영하는 회사가 다르기 때문에 요금체계 또한 모두 다르다. 우리 나라와 같이 아무생각 없이 다른 노선으로 갈아타면 큰 낭패를 볼 수 있다. 이런 실수를 피하기 위해서 가고자 하는 목적지의 노선을 확실히 파악한다.

표는 티켓 자동 판매기를 이용하면 된다. 이 판매기는 동전부터 10,000엔짜리 지폐까지 사용할 수 있도록 되어 있어, 잔돈이 없어 승무원을 찾아야 하는 일은 없다.

이렇게 교통비가 비싼 일본에서 여행을 마음놓고 즐기려면 일본의 철도회사들이 외국인 여행자들에게만 판매하는 철도패스를 구입하는 것이 좋다. 예를 들면 도쿄와 교토 구간을 연결하는 신칸센의 편도요금은 13,220엔인데, 왕복을 한다고 생각하면 JR 패스 7일권의 요금인 28,300엔과 별반 차이가 없을 정도다. 결국 일본에서 이동거리가 많은 여행자라면 무조건 JR 패스를 구입하는 것이 경제적이다.

JR패스는 기차뿐만 아니라 지하철도 이용할 수 있다. JR에서 운영하는 지하철은 모두 이용 가능하다. 특히 동경 시내에서는 JR패스를 유용하게 쓸 수있다. 동경시내의 관광명소와 주요 도시를 연결하는 JR 야마노테센을 이용해보자.

현재 국내에서 구입할 수 있는 일본 철도패스의 종류는 'JR 패스', 'JR 규슈레일패스', 'JR 이스트 패스', 'JR 웨스트 패스' 등이 있다.

교통 수단

❼ 렌터카

차를 빌리고 싶은데요.
車をかりたいんですが。
구루마오 카리타잉데스

차 대여

- 소형차를 일주일 빌려주십시오.
  小型を1週間ほどかりたいです。
  코가따오 잇슈-깡 호도 카리타이데스

- 레저카로 3일 동안 빌려주십시오.
  R/Vで3日間かりたいです。
  아-루부이데 밋까깡 카리타이데스

- 스포츠카를 빌려주십시오.
  スポーツカーをかりたいです。
  스포-츠카-오 카리타이데스

- 내일 오전 10시부터 6시까지 사용하려고 합니다.
  明日の朝10時から午後6時まで使いたいです。
  아시따노 아사 쥬-지까라 고고 로꾸지마데 쯔까이타이데스

- 운전 면허증을 보여주십시오.
  運転免許を見せてください。
  운뗀멘쿄-오 미세떼 구다사이

- 요금표를 보여주십시오.

    料金表をみせてください。
    료-낑효-오 미세떼 구다사이

- 대여 요금은 하루에 얼마입니까?

    レンタル料金は1日でいくらですか?
    렌타루료-낑와 이찌니찌데 이꾸라데스까

- 기름값이 포함된 것입니까?

    ガソリン代込みですか?
    가소린다이 코미데스까

- 어디에서 기다리면 될까요?

    どこで待ってればいいですか?
    도꼬데 맛떼레바 이이데스까

 보험과 보증금

- 종합보험으로 해주십시오.

    総合保険にしてください。
    소-고-호껜니 시떼구다사이

- 보증금은 얼마입니까?

    保証金はいくらですか?
    호쇼-낑와 이꾸라데스까

- 보증금이 필요합니까?
  保証金はいりますか?
  호쇼-낑와 이리마스까

- 보험에 가입되어 있나요?
  保険に入ってますか?
  호껜니 하잇떼마스까

- 보증금은 어떻게 할까요?
  保証金はどうしましょうか?
  호쇼-낑와 도- 시마쇼-까

- 대리점은 어디 있습니까?
  代理店はどこにありますか?
  다이리뗀와 도꼬니 아리마스까

- 문제가 생기면 어디로 연락하나요?
  トラブルがあった場合はどこに連絡すればいいですか?
  토라부루가 앗따 바-이와 도꼬니 렝라꾸스레바 이이데스까

- 주의사항은 없나요?
  注意事項はありませんか?
  츄-이지꼬-와 아리마셍까

- 이 차를 돌려드리려고 합니다만.
  車を返したいんですが。
  구루마오 카에시타잉데스가

실용회화
Dialogue

직 원	어떤 모델을 원하십니까? どんなものをお探しですか? 돈나모노오 오사가시데스까
여행자	소형차가 좋겠어요. 小型でいいです。 코가따데 이이데스
직 원	얼마동안 사용하실 건가요? どれぐらいお使いになりますか? 도레구라이 오쯔까이니 나리마스까
여행자	5일이요. 5日間です。 이쯔까깡데스
여행자	얼마입니까? いくらですか? 이꾸라데스까
직 원	하루에 5천엔입니다. 1日5千円です。 이찌니찌 고셍엔데스

교통수단

❽ 주유소

레귤러로 넣어주세요.
レギュラーを入てください。
레규라오 이레떼 구다사이

 유용한 표현

- 가장 가까운 주유소는 어디입니까?
  最寄りのガソリンスタンドはどこですか？
  모요리노 가소린스탄도와 도꼬데스까

- 이 근처에 주유소가 있습니까?
  このちかくにガソリンスタンドはありますか？
  고노 찌까꾸니 가소린스탄도와 아리마스까

- 제 차 좀 봐주셨으면 하는데요.
  車をみてもらいたいんですが。
  구루마오 미떼 모라이타잉데스가

- 오일을 체크해 주십시오.
  オイルをチェックしてください。
  오이루오 쳇쿠시떼 구다사이

- 타이어를 봐 주셨으면 하는데요.
  タイヤをみてもらいたいんですが。
  타이야오 미떼 모라이타잉데스가

- 화장실을 사용해도 됩니까?

    トイレをかりていいですか?
    토이레오 카리떼 이이데스까

- 가솔린 넣는 방법을 알려주세요.

    ガソリンのいれかたを教えてもらえますか。
    가소린노 이레카따오 오시에떼 모라에마스까

- 가득 채워주세요.

    満タンにしてください。
    만딴니 시떼 구다사이

교통 수단

❾ 드라이브

주차장은 있습니까?
駐車場はありますか?
츄-샤죠-와 아리마스까

유용한 표현

- 하라주꾸로 가는 길은 어느 쪽입니까?
  原宿に行く道はどちらですか?
  하라쥬꾸니 이꾸 미찌와 도찌라데스까

- 이곳은 일방통행입니까?
  ここは一方通行ですか?
  고꼬와 입뽀-쯔-꼬-데스까

- 노상주차를 해도 됩니까?
  路上駐車をしていいですか?
  로죠-츄-샤오 시떼 이이데스까

- 이곳은 주차금지 구역입니다.
  ここは駐車禁止です。
  고꼬와 츄-샤킨시데스

- 시동이 걸리지 않습니다.
  エンジンがかかりません。
  엔징가 가까리마셍

- 여기가 어디입니까?

    ここはどこですか?
    고꼬와 도꼬데스까

- 도로 지도는 있습니까?

    道路地図はありますか?
    도-로치즈와 아리마스까

- 시부야까지는 얼마나 걸립니까?

    渋谷まではどれぐらいかかりますか?
    시부야마데와 도레구라이 가까리마스까

 어휘

가득 채움	満(まん)タン	만땅
가솔린	ガソリン	가소린
계약서	契約書(けいやくしょ)	케-야꾸쇼
고속도로	高速道路(こうそくどうろ)	코-소꾸도-로
공사중	工事中(こうじちゅう)	코-지츄-
교차점	交差点(こうさてん)	코-사뗑
도로지도	道路地図(どうろちず)	도-로치즈
사고	事故(じこ)	지꼬
서행	徐行(じょこう)	죠꼬-
안전벨트	シートベルト	시-토베루토
운전면허증	運転免許(うんてんめんきょ)	운뗀멘쿄
유료도로	有料道路(ゆうりょうどうろ)	유-료-도-로
무료도로	無料道路(むりょうどうろ)	무료-도-로
일방통행	一方通行(いっぽうつうこう)	입포-쯔-꼬-
주유소	ガソリンスタンド	가소린스탄도
주차금지	駐車禁止(ちゅうしゃきんし)	츄-샤킨시
주차장	駐車場(ちゅうしゃじょう)	츄-샤죠-
추월금지	追越禁止(おいこしきんし)	오이꼬시킨시

교통 수단

일본의 축제 ··· 마쯔리

마쯔리는 시골의 아주 작은 농촌 마을에서부터 대도시에 이르기까지 마쯔리가 없는 곳이 없을 정도로 전국적으로 행해지는 축제이다. 전국적으로 유명한 축제일 경우는 행사에 참여하는 사람과 그것을 보기 위한 관광객이 수십만에 이르기도 한다.

월	일	축제
1월	6일	도쿄 하루미, 소방마쯔리
	15일	나라의 와카쿠사야마, 산불제
	9일~11일	오사카의 이마미야신사, 도오카에비스
	17일	아키타시의 미요시신사, 본텐마쯔리
2월	5일~11일	삿포로, 유키 마쯔리
	3일 혹은 4일	전국적으로 세쓰분
	3일 혹은 4일	나라의 가스가다이샤
3월	3일	전국적으로 히나마쯔리, 인형제
	12일	나라의 도다이지, 물긷기
4월	8일	전국적으로 절에서 꽃 마쯔리
	16일~17일	닛코의 후타라산신사, 야요이 마쯔리
	14일~15일	다카야마의 히에신사, 다카야마마쯔리
5월	3~4일	후쿠오카, 하카타돈타쿠
	세 번째 일요일	교토의 구루마사키신사, 미후네마쯔리
	15일	교토의 시모카모신사, 카미카모신사, 아오이 마쯔리
6월	9일~17일	도쿄의 히에신사, 산노 마쯔리
	14일	오사카의 스미요시다이샤, 모심기 마쯔리
7월	1일~15일	후쿠오카, 하카타야마가사 마쯔리
	13일~16일	전국적으로 오본 마쯔리(일부지역은 8월중 실시)
7월	중순경	히로시마의 미야지마, 이쓰쿠신사 마쯔리
	24일~25일	오사카 텐만구, 텐진마쯔리
	7일	전국적으로 타나바타(칠석)(일부 지역은 8월중 실시)
	14일	와카야마의 나치카쓰우라, 나치불마쯔리
	6일~17일	교토 야사카신사, 기온 마쯔리
	24일~25일	후쿠시마 하라마치, 히바리가오카의 말 마쯔리
8월	1일~7일	아오모리, 네부타 마쯔리
	6일~8일	센다이, 타나바타 마쯔리
	16일	교토, 다이몬지 오쿠리비
	5일~7일	아키다, 간토 마쯔리
	12일~15일	도쿠시마, 아와오도리 마쯔리
9월	14일~16일	가마쿠라, 아부사메 마쯔리
10월	7일~9일	나가사키, 오쿤치 마쯔리
	11일~13일	도쿄의 혼몬지, 오에시키 마쯔리
	22일	교토의 헤이안 진구, 지다이 마쯔리
	9일~10일	다카야마의 하치만구, 다카야마 마쯔리
	17일	닛코의 도쇼구, 가을 마쯔리
11월	3일	하코네, 다이묘교레쓰 마쯔리
	15일	전국적으로 시치고산 마쯔리
	3일~4일	사가의 가라스, 오쿤치 마쯔리
12월	17일	나라의 가스가다이샤, 와카미야온 마쯔리
	31일	교토의 야사카 신사, 오케라 마이리

※ peak season　연말과 정월 연휴 (12월27일 ~ 1월4일의 일주일) / 골든 위크 (4월29일 ~ 5월5일의 일주일)
　　　　　　　　'오본' 마쯔리 기간 (8월 15일 전후의 일주일)

숙박

1. 호텔 예약
2. 호텔 체크인
3. 룸서비스
4. 문제 발생
5. 호텔 체크아웃
6. 유스호스텔

▶ 다양한 디자인의 코인락커

❶ 호텔 예약

싸고 좋은 호텔 좀 추천해 주세요.
安くていいホテルを紹介してください。
야스꾸떼 이이 호테루오 쇼-까이시떼 구다사이

숙박업체 문의

- 싼 숙박업소를 소개시켜 주실 수 있어요?
  安い宿泊先を紹介してもらえますか？
  야스이 슈꾸하꾸사끼오 쇼-까이시떼 모라에마스까

- 숙박업소가 나와있는 안내책자가 있나요?
  宿泊のガイドブックはありませんか？
  슈꾸하꾸노 가이도북꾸와 아리마셍까

- 그 호텔은 어떻게 갈 수 있죠?
  そのホテルにはどのように行けますか？
  소노 호테루니와 도노요-니 이께마스까

- 좀더 싼 곳은 없나요?
  もうすこし安いところはありませんか？
  모-스꼬시 야스이 도꼬로와 아리마셍까

- 더 좋은 곳은 얼만가요?
  もっといいところはありませんか？
  못또 이이 도꼬로와 아리마셍까

방 예약하기

- 오늘 빈 방 있습니까?

  今日、空いている部屋はありますか？
  쿄- 아이떼이루 헤야와 아리마스까

- 더블룸(트윈룸)으로 부탁합니다.

  ダブルルーム(ツインルーム)でおねがいします。
  다부루루-무(쯔인루-무)데 오네가이시마스

- 예약을 하고 싶습니다.

  予約をしたいんですが。
  요야꾸오 시타잉데스가

- 20일에 트윈 룸으로 예약하고 싶습니다.

  20日にツインルームで予約したいです。
  하쯔까니 쯔잉루-무데 요야꾸 시타이데스

- 2인용으로 6박을 예약하고 싶습니다.

  ダブルルームで6日間を予約したいです。
  다부루루-무데 무이까깡오 요야꾸 시타이데스

- 3박하겠습니다.

  3泊です。
  삼파꾸데스

- 더블침대 방 두 개가 필요합니다.

  ダブルルームでふたついりますが。
  다부루루-무데 후타쯔 이리마스가

숙박

- 제 이름으로 예약해 주세요.

  わたしの名前で予約してください。

  와타시노 나마에데 요야꾸시떼 구다사이

- 지금 동경역에 있습니다. 1시간 후에 가겠습니다.

  いま、東京駅です。1時間後に行きます。

  이마 토-쿄-에끼데스 이찌지깡고니 이끼마스

- 현재 빈방이 없습니다.

  ただいま、空いている部屋はございません。

  타다이마 아이떼이루 헤야와 고자이마셍

원하는 방

- 싱글룸으로 주세요.

  シングルルームでおねがいします。

  싱구루루-무데 오네가이시마스

- 내일까지 방을 예약해 주세요.

  明日まで部屋を予約してください。

  아시따마데 헤야오 요야꾸시떼 구다사이

- 전망이 좋은 방으로 주세요.

  眺望のいい部屋でおねがいします。

  쵸-보-노 이이 헤야데 오네가이시마스

- 조용한 방을 원합니다.
  静かな部屋でおねがいします。
  시즈까나 헤야데 오네가이시마스

- 산(바다)가 보이는 방을 원합니다.
  山(海)の見える部屋でおねがいします。
  야마(우미)노 미에루 헤야데 오네가이시마스

- 서로 이웃해 있는 방인가요?
  並の部屋ですか?
  나라비노 헤야데스까

- 인터넷 전용선이 깔린 방을 원합니다.
  インターネットのできる部屋をおねがいします。
  인타넷또노 데끼루 헤야오 오네가이시마스

예약 변경 및 취소

- 예약을 변경하고 싶습니다.
  予約を変更したいんです。
  요야꾸오 헹꼬-시타잉데스

- 3박 연장하고 싶습니다.
  3泊延長したいです。
  삼파꾸 엔쵸-시타이데스

숙박

- 5일까지 예약했습니다.

    5日まで予約してあります。

    이쯔까마데 요야꾸시떼 아리마스

- 제가 조금 늦더라도 예약을 유지해 주십시오.

    すこし遅れますけど、予約を維持してください。

    스꼬시 오꾸레마스케도 요야꾸오 이지시떼 구다사이

- 김민우라는 이름으로 예약한 방을 확인하고 싶은데요.

    金敏優という名前で予約した部屋を確認したいんですが。 김민우또이우 나마에데 요야꾸시따 헤야오 카꾸닌 시타잉데스가

- 5월 3일이 아니고, 5월 10일인데 괜찮습니까?

    5月3日ではなく、5月10日ですが、だいじょうぶですか？ 고가쯔 밋까데와나꾸 고가쯔 토-까데스가 다이죠-부데스까

- 예약을 취소하고 싶습니다.

    予約をとりけしたいんです。

    요야꾸오 토리케시타잉데스

- 트윈룸으로 예약했는데, 싱글로 바꿀 수 있을까요?

    ツインルームで予約してありますが、シングルにかえますか？ 쯔잉루-무데 요야꾸시떼 아리마스가 싱구루니 카에마스까

- 예약을 취소하겠습니다.

    予約を取り消します。

    요야꾸오 토리케시마스

 **요금 문의**

- 일박에 얼마입니까?

    1泊いくらですか？
    입파꾸 이꾸라데스까

- 전부 얼마입니까?

    全部でいくらですか？
    젬부데 이꾸라데스까

- 이 요금은 아침식사가 포함된 것인가요?

    朝食こみですか？
    쵸-쇼꾸코미데스까

- 더 싼 것이 있나요?

    もうすこし安いのはありませんか？
    모- 스꼬시 야스이노와 아리마셍까

- 바다가 보이는 방은 얼마입니까?

    海のみえるへやはいくらですか？
    우미노 미에루 헤야와 이꾸라데스까

- 지금의 시즌은 얼마인가요?

    いまのシーズンはいくらですか？
    이마노 시-즌와 이꾸라데스까

- 휴일요금은 얼마입니까?

    休日料金はいくらですか？
    큐-지쯔료-낑와 이꾸라데스까

숙박

❷ 호텔 체크인

체크인하고 싶습니다.
チェックインをしたいです。
첵쿠잉오 시타이데스

 미리 예약했을 때

- 예약했습니다.
  予約しました。
  요야꾸시마시따

- 예약 확인서를 보여주세요.
  予約確認書をみせてください。
  요야꾸카쿠닝쇼오 미세떼 구다사이

- 김준이라는 이름으로 예약했습니다.
  金俊という名前で予約ました。
  김준또이우 나마에데 요야꾸시마시따

- 여행사를 통해서 예약했습니다.
  旅行社を通して予約しました。
  료꼬-샤오 토-시떼 요야꾸시마시따

- 여기엔 무엇을 쓰면 됩니까?
  ここは何をかけばいいですか?
  고꼬와 나니오 카께바 이이데스까

예약 착오

- 예약했습니다. 다시 한 번 확인해 주세요.
  予約しました。もういちど調べてみてくださいませんか? 요야꾸시마시따 모-이찌도 시라베떼미떼 구다사이마셍까

- 분명히 오늘 날짜로 예약했습니다만.
  たしか今日のひづけで予約しましたが。 타시까 쿄-노 히즈께데 오야꾸시마시타가

- 예약확인서를 보여주시겠습니까?
  予約確認書を見せてもらえますか? 요야꾸카꾸닌쇼오 미세떼 모라에마스까

- 어느 분 성함으로 예약하셨습니까?
  予約者のお名前はなんですか? 요야꾸샤노 오나마에와 난데스까

- 언제 예약하셨습니까?
  いつご予約なさいましたか? 이쯔 고요야꾸 나사이마시타까

숙박

직접 방을 구할 때

- 빈 방이 있습니까?

  空いてる部屋はありますか?
  아이떼루 헤야와 아리마스까

- 예약하지 않았습니다.

  予約はしてませんが。
  요야꾸와 시떼마셍가

- 트윈룸 있나요?

  ツインルームありますか?
  쯔잉루-무 아리마스까

- 먼저 방을 볼 수 있을까요?

  さきに部屋をみせてもらえますか?
  사끼니 헤야오 미세떼 모라에마스까

- 더 큰(작은)방은 없습니까?

  もうすこし大きい(小さい)部屋はありませんか?
  모- 스꼬시 오오끼이(찌이사이)헤야와 아리마셍까

- 더 싼 방이 있습니까?

  もうすこし安い部屋はありませんか?
  모- 스꼬시 야스이 헤야와 아리마셍까

- 이 방으로 주세요.

  この部屋にします。
  고노 헤야니 시마스

 호텔 방 안내

- 방까지 안내해 주실 수 있으세요?

  部屋まで案内してもらえますか？

  헤야마데 안나이시떼 모라에마스까

- 이 카드 키의 사용법을 알려주세요.

  このカードキーの使い方を教えてください。

  고노카-도키-노 쯔까이카타오 오시에떼 구다사이

- 방 열쇠 여기 있습니다.

  どうぞ。かぎです。

  도-조 카기데스

- 방 열쇠 하나를 더 얻을 수 있을까요?

  かぎをもうひとつもらえますか？

  카기오 모- 히토쯔 모라에마스까

- 이 방입니다. 편히 쉬십시오.

  どうぞ。ごゆっくり。

  도-조 고윳꾸리

- 방으로 안내해 드리겠습니다.

  部屋までご案内します。

  헤야마데 고안나이시마스

- 이 짐을 맡길 수 있습니까?

  この荷物をあずけられますか？

  고노 니모쯔오 아즈께라레마스까

숙박

짐

- 짐을 옮겨 주시겠어요?
  荷物をはこんでもらえますか？
  니모쯔오 하꼰데모라에마스까

- 짐을 맡길 곳이 있습니까?
  荷物を預けるところはありますか？
  니모쯔오 아즈께루 도로로와 아리마스까

- 이것을 보관해 주실 수 있습니까?
  これを預けてもらえますか？
  고레오 아즈께떼 모라에마스까

- 짐은 제가 운반하겠습니다.
  荷物はわたしがはこびます。
  니모쯔와 와타시가 하꼬비마스

- 가방 좀 들어주시겠어요?
  カバンを持ってくれませんか？
  카방오 못떼구레마셍까

- 저녁까지 이 짐을 맡겼음 하는데요.
  夕方までこの荷物を預けてもらえますか？
  유-가따마데 고노 니모쯔오 아즈께떼 모라에마스까

- 맡긴 물건을 찾고 싶은데요.
  預けたものを頂きたいんですが。
  아즈께따 모노오 이타다끼타잉데스가

프론트

- 1015호실 열쇠 좀 주시겠어요?

    1015号室のかぎをもらえますか?
    이찌마루이찌고고-시쯔노 카기오 모라에마스까

- 저한테 온 연락은 없습니까?

    わたしあての伝言はありませんか?
    와타시아떼노 뎅공와 아리마셍까

- 룸서비스나 프론트로 연락하시려면 이 버튼을 누르시면 됩니다.

    ルームサービスやフロントへのご連絡は、このボタンを押してください。
    루-무사-비스야 후론토에노 고렝라꾸와 고노 보땅오 오시떼 구다사이

- 필요하신 거 있으면 프론트로 전화주십시오.

    なにかありましたら、フロントまでご連絡ください。
    나니까 아리마시따라 후론토마데 고렝라꾸 구다사이

- 키를 맡기고 싶습니다만.

    かぎを預けたいんですが。
    카기오 아즈께타잉데스

- 식사는 어디서 합니까?

    食事はどこでやりますか?
    쇼꾸지와 도꼬데 야리마스까

숙박

실용회화
Dialogue

직 원	어서 오십시오. いらっしゃいませ。 이랏샤이마세
여행자	체크인 부탁합니다. チェックインお願いします。 첵쿠잉 오네가이시마스
직 원	예약하셨습니까? ご予約なさいましたか? 고요야꾸 나사이마시타까
여행자	네, 서울에서 했습니다. はい、ソウルでおこないました。 하이 소우루데 오꼬나이마시따
직 원	성함이 어떻게 되십니까? お名前はなんですか? 오나마에와 난데스까
여행자	박민수입니다. 朴民秀です。 박민수데스

직 원	며칠 묵을 겁니까? 何泊のご予定ですか? 남파꾸노 고요떼-데스까
여행자	**3일간입니다.** 3日間です。 밋까깐데스
여행자	체크아웃은 몇 시입니까? チェックアウトは何時までですか? 첵쿠아우토와 난지마데데스까
직 원	**12시까지입니다.** 12時までです。 쥬-니지마데데스
직 원	지불은 현금으로 하시겠습니까, 카드로 하시겠습니까? お支払のほうは、キャッシュですか? カードですか? 오시하라이노 호-와 캿슈데스까 카-도데스까
여행자	카드로 하겠습니다. カードで支払います。 카-도데 시하라이마스

숙박

❸ 룸서비스

룸서비스를 부탁합니다.
ルームサービスをおねがいします。
루-무사-비스오 오네가이시마스

룸서비스 요청

- 1013호실인데요.
  1013号室ですが。
  이찌마루이찌상고-시쯔데스가

- 누구세요?
  どなたですか?
  도나타데스까

- 룸서비스입니다.
  ルームサービスです。
  루-무사-비스데스

- 룸서비스를 받을 수 있나요?
  ルームサービスを頼めますか?
  루-무사-비스오 타노메마스까

- 국제전화 거는 방법을 알려주세요.
  国際電話のかけかたを教えてください。
  콕사이뎅와노 카케카따오 오시에떼 구다사이

- 얼음을 가져다 주실 수 있습니까?

  アイスをもらえますか?
  아이스오 모라에마스까

- 타올이 없습니다만.

  タオルがありませんが。
  타오루가 아리마셍가

- 내일 아침 6시에 모닝콜을 부탁합니다.

  明日の6時にモーニングコールをおねがいします。
  아시따노 로꾸지니 모-닝구코-루오 오네가이시마스

식사 · 음료 주문

- 아침식사를 방으로 가져다 주세요.

  朝食を部屋に持ってきてください。
  쵸-쇼꾸오 헤야니 못떼끼떼 구다사이

- 안녕하십니까, 아침식사 가져왔습니다.

  おはようございます。お食事です。
  오하요-고자이마스 오쇼꾸지데스

- 식사를 오후 7시경까지 가져다 줄 수 있나요?

  7時まで夕食をおねがいできますか?
  시찌지마데 유-쇼꾸오 오네가이데끼마스까

숙 박

- 샌드위치와 주스를 부탁합니다.
  サンドイッチとオレンジジュースをおねがいします。
  산도잇치또 오렌지쥬-스오 오네가이시마스

- 스파게티, 크림수프, 그리고 물 한 잔 주세요.
  スパゲッティ、クリームスープ、そしてお水をください。
  스파겟티 쿠리-무스-푸 소시떼 오미즈오 구다사이

- 위스키와 얼음을 부탁합니다.
  ウイスキーとアイスをおねがいします。
  우이스키-또 아이스오 오네가이시마스

- 맥주 세 병을 주문했는데 아직 도착하지 않았습니다.
  ビールを3本頼んだんですが、まだ届いてません。
  비-루오 삼봉 타논단데스가 마다 토도이떼마셍

- 얼음을 좀 가져다 주세요.
  アイスをおねがいします。
  아이스오 오네가이시마스

- 복도에 얼음 박스가 있습니다.
  ろうかにアイスボックスがあります。
  로-까니 아이스복쿠스가 아리마스

- 603호실로 커피 2인분 가져다 주세요.
  602号室にコーヒー2杯おねがいします。
  로꾸마루니고-시쯔니 코-히- 니하이 오네가이시마스

방 청소

- 방을 청소해 주십시오.
  部屋を掃除してください。
  헤야오 소-지시떼 구다사이

- 청소 좀 해주시겠어요?
  掃除をしてもらえますか?
  소-지오 시떼 모라에마스까

- 방 청소가 안됐습니다.
  部屋の掃除ができてません。
  헤야노 소-지가 데끼떼마셍

- 외출한 동안 방을 청소해 주세요.
  出かけている間に部屋を掃除してください。
  데카케떼이루 아이다니 헤야오 소-지시떼 구다사이

 세탁

- 드라이 클리닝 됩니까?
  ドライクリーニングをお願いできますか?
  도라이쿠리-닝구오 오네가이데끼마스가

- 세탁을 부탁드려도 될까요?
  洗濯をおねがいできますか?
  센타꾸오 오네가이데끼마스까

- 이 바지와 셔츠를 세탁해 주시겠어요?
  このズボンとシャツを洗ってもらえますか？
  고노 즈봉또 샤츠오 아랏떼 모라에마스까

- 다림질을 해 주십시오.
  アイロンをかけてください。
  아이롱오 카케떼 구다사이

- 언제 됩니까? / 내일까지 됩니까?
  いつまでできますか？ / 明日までできますか？
  이쯔마데 데끼마스까 / 아시따마데 데끼마스까

- 오늘 저녁까지 됩니다.
  夕方までできます。
  유-가따마데 데끼마스

- 가능하면 빨리 주시겠어요.
  できれば、はやめにおねがいします。
  데끼레바 하야메니 오네가이시마스

- 7시까지 부탁합니다.
  7時までおねがいします。
  시찌지마데 오네가이시마스

- 요금은 얼마입니까?
  料金はいくらですか？
  료-낑와 이꾸라데스까

실용회화
Dialogue

숙 박 객	모닝콜 부탁합니다. モーニングコールをおねがいします。 모-닝구코-루오 오네가이시마스
룸서비스	룸 번호를 알려주세요. ルームナンバーを教えてください。 루-무남바오 오시에떼 구다사이
숙 박 객	토스트와 커피 그리고 베이컨 두 조각 주세요. トーストとコーヒー、そして、ベーコン2枚ください。 토스토또 코-히- 소시떼 베-콘 니마이 구다사이
룸서비스	더 필요한 것은 없습니까? ほかにはありませんか? 호까니와 아리마셍까
투 숙 객	세탁 좀 부탁합니다. 洗濯をおねがいします。 센타꾸오 오네가이시마스
세 탁 부	옷을 세탁자루에 넣고 카드에 내용물을 적으세요. 洗濯袋にいれて、カードに内容物をかいてください。 센타꾸부꾸로니 이레떼 카-도니 나이요-부쯔오 카이떼 구다사이

숙

박

❹ 문제 발생

화장실 물이 안 내려 갑니다.
トイレの水が流れません。
토이레노 미즈가 나가레마셍

화장실

- 욕실에 수건이 없습니다.
  おふろにタオルがありません。
  오후로니 타오루가 아리마셍

- 여분의 비누를 주십시오.
  よぶんのせっけんをくださいませんか。
  요분노 셋껭오 구다사이마셍까

- 뜨거운 물이 안 나옵니다.
  お湯が出ません。
  오유가 데마셍

- 욕실 불이 나갔습니다.
  お風呂の電気がつきません。
  오후로노 뎅끼가 쯔끼마셍

- 화장지가 없습니다.
  トイレットペーパーがありません。
  토이렛또 뻬-빠-가 아리마셍

- 샴푸가 없어요.
  シャンプがありません。
  샴푸가 아리마셍

- 욕실에 치약이 없어요.
  お風呂に歯磨き粉がありません。
  오후로니 하미가끼코가 아리마셍

열쇠

- 열쇠를 잊고 안 가져 왔어요.
  鍵をおきわすれました。
  카기오 오끼와스레마시따

- 열쇠를 방안에 두고 왔어요.
  へやにかぎをおきわすれました。
  헤야니 카기오 오끼와스레마시따

- 문이 안 열립니다.
  ドアが開きません。
  도아가 아끼마셍

- 열쇠를 잃어 버렸어요.
  かぎを忘れました。
  카기오 와스레마시따

소음

- 더 조용한 방을 부탁합니다.
  もっと静かな部屋をおねがいします。
  못또 시즈까나 헤야오 오네가이시마스

- 방을 바꿔 주세요.
  部屋をかえてください。
  헤야오 카에떼 구다사이

- 옆방이 너무 시끄러워서요.
  となりの部屋がうるさいです。
  토나리노 헤야가 우루사이데스

- 더 깨끗한 방을 부탁합니다.
  もうすこしきれいな部屋をおねがいします。
  모- 스꼬시 키레-나 헤야오 오네가이시마스

기타 요구

- 에어컨이 작동하지 않습니다.
  クーラがきかないようです。
  쿠-라가 키까나이요-데스

- TV가 이상해요.
  テレビがおかしいです。
  테레비가 오까시이데스

- 새 타올이 없어요.
  あたらしいタオルがありません。
  아타라시이 타오루가 아리마셍

- 방 청소가 안 되어 있습니다.
  部屋の掃除が、まだしてありません。
  헤야노 소-지가 마다 시떼아리마셍

- 시트가 더러워요! 바꿔주세요.
  シートがきたないです。かえてください。
  시-토가 키타나이데스 카에떼 구다사이

- 난방(냉방)을 더 해주세요.
  暖房(冷房)を強めにしてください。
  단보-(레-보-)오 쯔요메니시떼 구다사이

- 제 방의 히터가 작동하지 않는 것 같아요.
  暖房がきかないようです。
  단보-가 끼까나이요-데스

- 한국어를 할 수 있는 사람은 없습니까?
  韓国語のできるスタッフはいませんか?
  캉코꾸고노 데끼루 스탓후와 이마셍까

숙박

155

프론트에 부탁하기

- 열쇠 좀 맡길게요.
  鍵を預けたいんですが。
  카기오 아즈께타잉데스가

- 103호실 열쇠 좀 주시겠어요?
  103号室のかぎをもらえますか?
  이찌마루상고-시쯔노 카기오 모라에마스까

- 공항까지 리무진이 있나요?
  空港までのリムジンはありますか?
  쿠-꼬-마데노 리무징와 아리마스까

- 시내 투어가 있나요?
  市内ツアーはありますか?
  시나이쯔아-와 아리마스까

- 이 부근에 쇼핑센터가 있나요?
  この近くにショッピングセンターはありますか?
  코노 찌까꾸니 숏핑구센타-와 아리마스까

- 거기까지 얼마나 걸립니까?
  あそこまではどれぐらいかかりますか?
  아소코마데와 도레구라이 가까리마스까

- 이곳에서 택배를 부칠 수 있나요?
  ここから宅配を送れますか?
  고꼬까라 타꾸하이오 오꾸레마스까

실용회화
Dialogue

투숙객	방을 바꿀 수 있을까요? 部屋(へや)をかえてもらえますか？ 헤야오 카에떼 모라에마스까
직 원	잠시만 기다리세요. 확인해 보겠습니다. しょうしょうお待(ま)ちください。 調(しら)べてみます。 쇼-쇼- 오마찌구다사이 시라베떼 미마스

직 원	언제 바꾸고 싶으신가요? いつかえたいんですか？ 이쯔 카에타잉데스까
투숙객	가능하다면 내일 부탁합니다. できれば、明日からかえたいです。 데끼레바 아시따까라 카에타잉데스

투숙객	에어컨이 안 되는 것 같아요. クーラがきかないようです。 쿠-라가 끼까나이요-데스
직 원	잠시만 기다려 주십시오. 곧 찾아뵙겠습니다. しばらくお待ちください。 すぐうかがいます。 시바라꾸 오마찌구다사이 스구 우까가이마스

숙박

❺ 호텔 체크아웃

체크아웃을 부탁합니다.
チェックアウトをおねがいします。
첵쿠아우토오 오네가이시마스

유용한 표현

- 예정보다 하루 빨리 체크아웃하고 싶습니다.
  予定より早めにチェックアウトしたいんです。
  요테-요리 하야메니 첵쿠아우토시타잉데스

- 하루 더 연장하고 싶은데요.
  もういちにち伸ばしたいんです。
  모- 이찌니찌 노바시타잉데스

- 2~3일 더 숙박하고 싶습니다.
  2~3日のばしたいんですが。
  니 산니찌 노바시타잉데스가

- 하루 일찍 나가고 싶습니다.
  いちにちはやめにチェックアウトしたいんですが。
  이찌니찌 하야메니 첵쿠아우토시타잉데스가

- 불편한 점은 없었나요?
  不便なてんはございませんでしたか?
  후벤나 뗑와 고자이마셍데시타까

- 카드로 지불해도 됩니까?
  カード使(つか)えますか?
  카-도 쯔까에마스까

- 모두 얼마입니까?
  トータルでいくらですか?
  토-타루데 이꾸라데스까

- 영수증을 주세요.
  領収書をください。
  료-슈-쇼오 구다사이

- 이 카드를 사용할 수 있습니까?
  このカードをつかえますか?
  고노 카-도오 쯔까에마스까

- 지불방법은 카드입니까? 아니면 현금입니까?
  お支払いのほうはカードですか? それとも、キャッシュですか?
  오시하라이노 호-와 카-도데스까 소레토모 캇슈데스까

- 현금으로 지불하겠습니다.
  現金でしはらいます。
  겡낀데 시하라이마스

숙박

계산 착오

- 청구서가 틀린 것 같군요.
  請求書がちがうようですが。
  세-큐-쇼가 찌가우요-데스가

- 이건 무슨 요금인가요?
  この料金は何ですか?
  고노 료-낑와 난데스까

- 이 서비스는 받지 않았는데요.
  このサービスはうけてませんでしたが。
  고노 사-비스와 우께떼마센데시따가

- 이것은 주문하지 않았어요.
  これは、注文してませんでした。
  고레와 츄-몬시떼마센데시따

- 이 요금은 뭔가요?
  この料金は何ですか?
  고노 료-낑와 난데스까

- 술은 시키지 않았는데요.
  お酒はたのんでませんでしたが。
  오사께와 타논데마센데시따가

- 국제 전화는 수신자 부담전화였는데요.
  国際電話はコレクトコールでしたが。
  콕사이뎅와와 코레쿠토코-루데시타가

짐

- 포터를 불러주세요.
  ポーターをよんでください。
  포-타-오 욘데구다사이

- 방에 가방을 두고 온 것 같아요.
  部屋にカバンをおきわすれました。
  헤야니 카방오 오끼와스레마시따

- 이 가방을 맡길 수 있나요?
  このカバンをあずけられますか?
  고노 카방오 아즈께라레마스까

- 이 짐을 택시까지 들어주세요.
  このにもつをタクシまで運んでください。
  고노 니모쯔오 타쿠시마데 하꼰데두다사이

- 택시 좀 불러 주시지 않겠습니까?
  タクシを呼んでくださいませんか?
  타쿠시오 욘데 구다사이마셍까

숙박

실용회화
Dialogue

투숙객	체크아웃을 부탁합니다. チェックアウトをおねがいします。 첵쿠아우토오 오네가이시마스
직 원	방 번호를 알려주세요. 部屋番号を教えてください。 헤야방고-오 오시에떼 구다사이
투숙객	1박 더 하고 싶은데, 가능한가요? 1泊のばしたいんですが、できますか? 입파꾸 노바시타잉데스가, 데끼마스까
직 원	네, 가능합니다. はい、できます。 하이 데끼마스
투숙객	여행자 수표도 됩니까? トラベルチェックでいいですか? 토라베루첵쿠데 이이데스까
직 원	네, 여기 사인하세요. はい、けっこうです。サインをおねがいします。 하이 젝꼬-데스 사잉오 오네가이시마스

일본의 숙박시설

비즈니스 호텔 : 여행자나 출장이 잦은 회사원들이 많이 이용한다. 가격이 저렴하고 대중교통 이용이 편리하며 비교적 쾌적하다. 각층 객실의 복도에는 간이식품이나 음료를 살 수 있는 자동판매기가 설치되어 있으며, 호텔에 따라 대욕장 및 사우나 시설을 갖춘 곳도 있다. 비즈니스맨이 많이 이용하기 때문에 싱글룸이 주를 이루며 더블룸 또는 트윈룸은 그 수가 많지 않다. 요금은 1박에 5천-1만 5천엔 정도. 예약은 한국에서 하고 가는 것이 더 저렴하다. 예약은 필수……

유스호스텔 : 비용과 시설면에서 여행자들이 가장 편하게 이용할 수 있는 숙박시설이다. 체크인 시간과 체크아웃 시간을 명심해야 하며, 시간을 지킬 수 없을 경우에는 숙소에 미리 연락해 두는 것이 좋다. 한 곳에 3일 이상 머물 수 없으며, 요금은 1박에 2300-3500엔. 아침식사는 500-600엔, 저녁식사는 800-900엔이다.

캡슐호텔 : 원래 일본에만 있던 독특한 숙박 형태로 몸만 누일 수 있는 작은 공간이지만 TV도 준비되어 있다. 공통욕실 및 화장실을 이용하여야 하며, 요금은 약 3,000엔 정도로 저렴한 편이다. 남성전용인 곳이 많아서 여성은 이용하기 어렵다.

료칸(旅館) : 옛 일본의 정취를 느끼고 싶다면 전통적인 료칸(일본식 여관)에서 묵는 것도 재미있는 경험이 될 것이다. 바닥에는 다다미가 깔려 있고 문들은 '후스마'라고 불리는 장지문이다. 침구는 벽장에 보관되어 있는데 저녁식사가 끝나면 객실 담당 여성이 방에 침구를 깔아준다. 목욕탕은 공중탕인 곳도 있고 남녀탕으로 구분되어 있다. 온천휴양지에 있는 여관에서의 목욕은 특히 독특한 경험이 된다. 1인당 하룻밤 숙박료는 15,000엔에서 40,000엔 정도이며 세금과 서비스요금은 별도이다. 규모에 상관없이 일본식 료칸은 일본인의 전통적 습관이나 예의, 생활양식을 경험할 수 있는 귀중한 기회를 제공해 준다.

민슈쿠 : 가족이 직접 운영하는 작은 가정 여인숙을 말하며, 저렴한 숙박료로 일본의 가정생활을 좀 더 알차게 경험해 볼 수 있다. 최근에는 한국인이 운영하는 곳도 계속 증가하고 있으며 요구에 따라 식사를 제공하기도 한다. 일반적으로 4인 또는 그 이상의 인원이 공동으로 룸을 사용하게 되며 화장실 및 욕실 또한 공동으로 사용한다. 시설 사용 후 본인이 직접 본래의 상태로 되돌려 놓아야 한다. 요금은 보통 4천-8천엔 정도이다.

숙박

⑥ 유스호스텔

유스호스텔로 가는 길 좀 알려주시겠어요?
ユースホステルに行く道をおしえてもらえますか?
유-스호스테루니 이꾸 미찌오 오시에떼 모라에마스까

가는 길

- 지금 공항인데요. 어떻게 가는지 알려주시겠어요?
  今、空港ですが、どうやって行けばいいですか?
  이마 쿠-꼬-데스가 도-얏떼 이께바 이이데스까

- 걸어서 얼마나 걸립니까?
  あるいてどれぐらいかかりますか?
  아루이떼 도레구라이 가까리마스까

- 6시까지는 도착할 겁니다.
  6時まではつくとおもいます。
  로꾸지마데와 쯔꾸또 오모이마스

- 늦지는 않을 겁니다.
  送れることはないとおもいます。
  오꾸레루 코또와 나이또 오모이마스

- 언제까지 체크인하면 됩니까?
  いつまでチェックインすればいいですか?
  이쯔마데 첵쿠인스레바 이이데스까

체류

- 빈방이 있나요?

    あいている部屋はありますか?
    아이떼이루 헤야와 아리마스까

- 하루에 얼마인가요?

    1泊いくらですか?
    입파꾸 이꾸라데스까

- 아침식사는 얼마입니까?

    朝食はいくらですか?
    쵸-쇼꾸와 이꾸라데스까

- 짐을 이곳에 놓아도 됩니까?

    ここに荷物をおいといてもいいですか?
    고꼬니 니모쯔오 오이토이떼모 이이데스까

- 회원은 할인됩니까?

    会員は安くなりますか?
    카이잉와 야스꾸나리마스까

- 주의할 사항이 있습니까?

    注意事項はありませんか?
    츄-이지꼬-와 아리마셍까

숙 박

시설 이용

- 락카는 어디에 있습니까?

  ロッカーはどこにありますか？
  롯카-와 도꼬니 아리마스까

- 취사할 수 있나요?

  炊事できますか？
  스이지 데끼마스까

- 침대가 있습니까?

  ベッドはありますか？
  벳도와 아리마스까

- 주방은 어디 있나요?

  台所はどちらですか？
  다이도꼬로와 도찌라데스까

- 세탁기가 있나요?

  洗濯機はありますか？
  센타꾸끼와 아리마스까

- 담요를 한 장 더 줄 수 있어요?

  毛布をもう1枚もらえますか？
  모-후오 모- 이찌마이 모라에마스까

- 식당은 어디 있습니까?

  食堂はどこにありますか？
  쇼꾸도-와 도꼬니 아리마스까

명소 · 볼거리

◯ 동경의 명소 · 볼거리 2

■ 시부야(澁谷) · 아사쿠사(淺草)

"시부야"는 JR 야마노테 선, 사이쿄 선, 도큐도요코 선, 덴엔도시 선, 게이오 이노가시라 선, 지하철 긴자 선, 한조몬 선이 집중하는 터미널로, "긴자", "신주쿠", "이케부쿠로", "아사쿠사"와 함께 도내 유수의 번화가이다.

이 거리는 거리와 지역별로 각각 다른 얼굴을 보여주는 것이 특징이다. 젊은 층 상대의 패션상가, 패스트 푸드점, 게임센터 등이 밀집한 중심가는, 젊은이들의 유행 발신기지로 주목을 받고 있으며, 밤낮을 가리지 않고 10대를 중심으로 젊은이들이 항상 붐비고 있어, 일본 현대의 풍습을 피부로 느낄 수 있다.

"요요기 공원"으로 향하는 공원 거리는, 백화점과 쇼핑빌딩 등 대형점포가 들어서 있으며, 가족단위로 쇼핑을 즐기는 모습도 흔히 볼 수 있는 쇼핑가이다.

시부야 역 앞에는 우리 나라에도 소개된 충견 하찌공의 동상이 있다. 생각보다 그리 크지는 않지만 사람들이 많이 모이는 약속장소로 유명하다.

도쿄 도 "다이토 구", "스미다 강" 서안에 위치한 "아사쿠사"는, "센소절 몬젠마치(신사나 절 앞에 발달한 시가지)"로 발전해 왔다. "센소절"의 역사는 오래됐으며, 약 1370년 전 어부형제가 "스미다 강"에서 관음상을 발견하여 모신 것이 그 기원이라고 전해지고 있다. 「가미나리 문」이라고 씌어진 빨간색 큰 제등을 매단 '가미나리' 문이 이 지역의 상징이며, 일년 내내 참배객들의 발길이 끊이지 않는다.

"센소 절" 문앞에서 펼쳐지는 "나카미세 거리"는 쥘부채와 일본종이로 만든 소품 등, 일본의 전통적인 정취를 담은 물품을 취급하는 점포가 즐비하며, 외국 관광객들의 쇼핑 모습도 많이 볼 수 있는 거리이다. "아사쿠사"는 전통행사가 많이 열리는 곳으로도 유명하다.

"아사쿠사 신사"의 제례인 "산자 축제"는 옛날의 도쿄 중심가에 살던 사람들의 기질을 표현한 「에돗코 가타기(에도 사람들의 기질)」를 전해주는 "미코시(축제용 가마) 축제"로 유명하다. 그 밖의 축제로는 여름의 파리시장, 초겨울에 열리는 "오토리 신사"의 "도리노이치(복을 부르는 갈퀴를 판매)", 연말의 "하고이타(설날의 놀이기구) 시장" 등이 있다. 그리고, 제일 인기 있는 것은 한 여름에 "스미다 강"에서 펼쳐지는 불꽃놀이로, 100만 명이 넘는 사람들로 성황을 이룬다.

식사

1. 레스토랑 예약과 안내
2. 식사 주문
3. 음식
4. 식탁에서
5. 후식(디저트) 주문
6. 음료 주문
7. 패스트푸드점
8. 계산하기

100엔 Shop ▶

① 레스토랑 예약과 안내

오늘 저녁 4인석으로 예약 부탁드립니다.
今日の夜4人で予約をおねがいします。
쿄-노 요루 요닌데 요야꾸오 오네가이시마스

 유용한 표현

- 예약해야 합니까?
  予約しなければなりませんか？
  요야꾸 시나께레바 나리마셍까

- 전망이 좋은 테이블로 부탁합니다.
  眺望のいいテーブルのほうにおねがいします。
  쵸-보-노 이이 테-부루노 호-니 오네가이시마스

- 금연석으로 주세요.
  禁煙席におねがいします。
  킹엔세끼니 오네가이시마스

- 언제 도착하실 건가요?
  いつごろいらっしゃいますか？
  이쯔고로 이랏샤이마스까

- 죄송하지만 예약시간을 맞출 수 없을 것 같아요.
  すみませんが、予約時間にまにあえないようですが。
  스미마셍가 요야꾸지깡니 마니아에나이요-데스가

- 예약을 취소하고 싶습니다.
  予約をとりけしたいんですが。
  요야꾸오 토리케시타잉데스가

- 4명이 앉을 자리가 있습니까?
  4人すわれる席はありますか?
  요닝 스와레루 세끼와 아리마스까

- 8시로 예약한 김민수입니다.
  8時に予約した金民秀ですが。
  하찌지니 요야꾸시따 김민수데스가

- 창가에 앉고 싶어요.
  窓際にしたいんですが。
  마도기와니 시타잉데스가

- 어느 정도 기다려야 합니까?
  どれぐらい待てばいいですか?
  도레구라이 마테바 이이데스까

식사

깜짝센스

레스토랑 찾기

여행지에서 좋은 레스토랑을 찾으려면 거리의 관광 안내소나 호텔 안내 데스크에서 상담한다. 여행잡지나 가이드 북에 소개되어 있는 레스토랑을 이용할 경우에는 정보가 오래된 것은 아닌지 전화하거나 확인해 보고 방문하는 것이 좋다.

실용회화
Dialogue

여행자	식사 예약을 하고 싶습니다만. 食事の予約をしたいんですが。 쇼꾸지노 요야꾸오 시타잉데스가
예약부	몇 시에 하시길 바라십니까? 何時ごろのご予定ですか? 난지고로노 고요테-데스까
여행자	8시에 하려고 합니다. 8時にしようとおもってます。 하찌지니 시요-또 오못떼마스
예약부	몇 분이십니까? 何名様ですか? 난메-사마데스까
여행자	네 명입니다. 4人です。 요닌데스
여행자	요리는 어떤 걸로 준비할까요? お料理のほうはどうしましょうか? 오료-리노 호-와 도- 시마쇼-까
예약부	오늘의 추천요리도 좋습니다. 今日のお薦めでいいです。 쿄-노 오스스메데 이이데스

일본의 라면 집

우리 나라와 마찬가지로 일본에서도 라면의 인기는 정말 대단하다. 일본의 라면(ラーメン)은 그 종류도 무척이나 다양해서 지역마다 고장마다 집집마다 전통적으로 내려오는 라면의 종류를 모두 헤아린다는 것이 불가능할 정도이다. 우리 나라의 라면과 일본의 라면은 맛은 물론 만드는 방법에서도 커다란 차이가 있다.

일본의 라면은 크게 인스턴트 라면과 생라면으로 나눌 수 있다. 인스턴트 라면은 우리 나라와 마찬가지로 다시 봉지라면과 컵라면으로 나누어지는데, 우리나라에서는 봉지라면이 인기가 높은 데 반해 일본에서는 컵라면이 압도적인 지지를 받고 있는 실정이다.

하지만 역시 일본 라면의 진수는 생라면! 생라면은 각 지역별로 된장맛(みそあじ), 매운간장맛(しょうゆあじ), 소금맛(しおあじ), 돼지뼈로 만든 육수맛(とんこつあじ) 등 여러 형태로 분류된다. 그 중에서도 가장 인기 있는 것은 삿포로 라면과 후쿠오카 라면이다. 삿포로 라면은 미소(일본식 된장)로 국물을 낸 것이고, 후쿠오카 라면은 돼지뼈를 우려낸 국물로 만든 라면이다. 맛은 우리의 사골국물과 비슷한데 처음 먹어본 사람은 그 느끼함에 거부감을 가질 수 있지만, 일단 그 맛에 길들여지면 그 진한 국물 맛에 빠질 수밖에 없게 된다.

이 밖에도 일본 전역에는 지역별로 유명한 라면 가게들이 있는데, 이 라면을 먹기 위해 몇 십분에서 몇 시간씩 줄을 서서 기다리는 일본인들을 많이 볼 수 있다. 라면으로 몇 대째 가업을 이어오고 있는 가게도 있다고 하니 그 인기는 우리가 생각하는 것 이상이다.

❷ 식사 주문

[추천 요리는 뭡니까?
お薦めは何ですか?
오스스메와 난데스까]

 유용한 표현

- 메뉴를 주세요.
  メニューをください。
  메뉴-오 구다사이

- 주문하려고 하는데요.
  注文したいんですが。
  츄-몬시타잉데스가

- (손으로 가리키며) 이것과 이것을 주세요.
  これをください。
  고레오 구다사이

- 스페셜 요리는 무엇입니까?
  スペシャル料理はなんですか?
  스페샤루료-리와 난데스까

- 아직 못 정했습니다.
  まだ、決めていません。
  마다 끼메떼이마셍

- 저것과 같은 것을 주세요.
  あれと同じものをください。
  아레또 오나지 모노오 구다사이

- 같은 걸로 하겠습니다.
  同じものにします。
  오나지 모노니 시마스

- 고기로 드시겠습니까, 생선으로 드시겠습니까?
  お肉にしますか？ 魚にしますか？
  오니꾸니 시마스까? 사까나니 시마스까

- 주문을 변경해도 됩니까?
  注文をかえてもいいですか？
  츄-몽오 카에떼모 이이데스까

- 세트메뉴 있습니까?
  セットメニューありますか？
  셋토메뉴- 아리마스까

- 이건 어떤 요리입니까?
  これはどういう料理ですか？
  고레와 도-이우 료-리데스까

- 된장국 좀 더 주실 수 있나요?
  味噌汁おかわりできますか？
  미소시루 오카와리 데끼마스까

식
사

실용회화
Dialogue

여행자	메뉴판 좀 주세요 メニューをください。 메뉴-오 구다사이
웨이터	메뉴 여기 있습니다. はい、どうぞ。 하이 도-조
여행자	야채스프와 스테이크를 주세요. 野菜スープとステーキをください。 야사이스-푸또 스테-끼오 두다사이
웨이터	음료수는 뭘로 하시겠습니까? おのみものはなんにしますか? 오노미모노와 난니시마스까
여행자	맥주를 주세요. ビールをください。 비-루오 구다사이
웨이터	네, 알겠습니다. はい、かしこまりました。 하이 카시꼬마리마시따

일본에서의 식사

다른 나라 음식을 맛보는 것도 여행에서 얻을 수 있는 재미 중의 하나일 것이다. 일본 음식은 우리의 것과 비슷한 것도 있지만 또 맛보지 못했던 독특한 음식도 많이 있다. 일본을 여행하면서 맛볼 수 있는 다양한 음식과 식당을 소개한다.

식사 전문점 : 비교적 저렴한 가격에 식사를 해결할 수 있는 곳이다. 전국적인 체인망을 가지고 24시간 영업을 하는 요시노야(吉屋)와 마쯔야(松屋) 등이 있다. 가격은 면류가 250-400엔, 밥류가 450-800엔 정도다. 입구에 진열되어 있는 음식을 보고 식권을 자판기에서 뽑아 제시하면 된다. 회전초밥(回轉壽司)집도 유명한 먹거리 중의 하나이다. 접시 색깔에 따라 가격이 다르며 먹고 싶은 것으로 양껏 먹을 수 있다. 물론 먹은만큼 돈은 내야겠지만……

도시락 판매점 : 일본 사람들이 가장 흔히 즐겨먹는 음식이라고 하면 도시락을 꼽을 수 있을 것이다. 어느 곳에 서나 도시락을 먹고 있거나 들고 다니는 사람들을 볼 수 있을 것이다. 어느 곳에 가든지 구할 수 있다. 편의점이나 기차역에서도 구입할 수 있지만 도시락 전문점에서 구입한 것이 더 맛있다.

라면 전문점 : 일본 라면은 우리의 것과는 좀 다르다. 먼저 다양한 재료로 만든 육수는 우리의 입맛에 맞는 것도 있지만 먹기 힘들 정도로 특이한 맛을 가진 것도 있다. 삿포로라면과 후쿠오카라면은 전국적으로 체인점을 가지고 있는 유명한 라면점이다. 모험을 좋아하지 않는 분들이라면 이곳을 이용하는 것이 좋을 것이다.

패스트 푸드점 : 맥도널드, KFC, 롯데리아, 웬디스 등 우리 나라에 있는 것과 비슷하다. 그리 싼 편은 아니지만 할인행사를 이용하면 저렴하게 먹을 수 있다.

편의점(Convenience Store) 또는 CVS : 일본에는 편의점이 정말 많다. 그만큼 자주 이용하게 되며, 특히 식당들이 문을 닫고 난 저녁 시간이면 편의점이 가장 먼저 눈에 들어올 것이다. 판매방식은 우리나라와 비슷하며 다양한 인스턴트 식품이 있다.

그 외에도 전통 음식점이나 한국음식점, 쇼핑몰 식당가를 이용할 수도 있다. 그리고 저렴한 가격에 조금은 푸짐하게 먹고자 한다면 대학의 구내식당을 이용할 수도 있을 것이다. 물론 전통 음식점이나 한국 음식점은 가격이 비싸겠지만…

식사

❸ 음식

잘 안 익었는데요.
よく煮えてないようですが。
요꾸 니에떼 나이요-데스가

유용한 표현

- 주문한 것이 아직 안 나왔어요.
  頼んだのが、まだ出てないんですが。
  타논다노가 마다 데떼나잉데스가

- 맥주를 먼저 주세요.
  ビールを先にください。
  비-루오 사끼니 구다사이

- 소금 좀 주세요.
  お塩をください。
  오시오오 구다사이

- 맛이 이상한 것 같아요.
  味がおかしいようです。
  아지가 오까시이요-데스

- 이것은 신선하지 않은 것 같아요.
  これは新鮮じゃないみたいです。
  고레와 신센쟈 나이 미타이데스

- 정말 맛있네요.
  本当においしいです。
  혼또-니 오이시이데스

- 내가 좋아하는 맛이 아니에요.
  わたしの口にはあいません。
  와타시노 구찌니와 아이마셍

- 이것은 제가 주문한 것이 아닙니다.
  これはわたしが注文したものではありません。
  고레와 와타시가 츄-몽시따 모노데와아 아리마셍

식 사

 어휘

· 싱겁다	**みずっぽい**	미즛뽀이
· 짜다	**しょっぱい**	숍빠이
· 맛있다	**おいしい**	오이시이
· 이상하다	**おかしい**	오까시이
· 좋아하다	**すきだ**	스키다
· 덜 익히다	**よくにえてない**	요꾸 니에떼나이
· 너무 익히다	**煮えすぎている**	네이스기떼이루

❹ 식탁에서

소금 좀 집어주세요.
ちょっと、お塩をわたしてください。
춋또 오시오오 와타시떼 구다사이

유용한 표현

- 이 빵 좀 더 주시겠어요?
  このパンをおかわり頼んでいいですか？
  고노 팡오 오카와리 타논데 이이데스까

- 담배를 피워도 되겠습니까?
  タバコを吸ってもいいですか？
  타바코오 슷떼모 이이데스까

- 그 소금 저한테도 좀 주세요.
  そのお塩、わたしにもください。
  소노 오시오 와타시니모 구다사이

- 포크를 새로 가져다 주세요.
  新しいフォークをください。
  아타라시이 호-쿠오 구다사이

- 이것 좀 치워 주시겠습니까?
  これを下げてもらえますか？
  고레오 사게떼 모라에마스까

- 죄송합니다. 컵을 깼습니다.
  すみません。グラスを落してしまいました。
  스미마셍 구라스오 오토시떼 시마이마시따

- 수저를 떨어뜨렸습니다.
  スプーンを落しました。
  스푼-오 오토시마시따

- 리필해 주십시오.
  お代わりおねがいします。
  오카와리 오네가이시마스

- 테이블 좀 치워주시겠어요?
  テーブルを片付けてもらえませんか?
  테-부루오 카타즈께떼 모라에마셍까

- 재떨이를 주세요.
  灰皿をください。
  하이자라오 구다사이

- 남은 것을 포장해 주시겠어요?
  残ったものは持ち帰りにしてください。
  노꼿따 모노와 모찌카에리니 시떼구다사이

- 휴지 없나요?
  ティッシュありませんか?
  팃슈 아리마셍까

식사

❺ 후식(디저트) 주문

디저트로 애플파이를 주세요.
デザートでアップルパイをおねがいします。
데자-토데 압푸루파이오 오네가이시마스

유용한 표현

- 디저트로는 무엇이 있습니까?
  デザートは何がありますか?
  데자-토와 나니가 아리마스까

- 아이스 크림과 과일이 있습니다.
  アイスクリームと果物があります。
  아이스쿠리-무또 구다모노가 아리마스

- 디저트로 뭘 드시겠습니까?
  デザートは何にしますか?
  데자-토와 난니 시마스까

- 디저트는 어떻게 하시겠습니까?
  デザートはどうしますか?
  데자-토와 도- 시마스까

- 식사에 디저트가 포함되어 있나요?
  デザートは食事についてますか?
  데자-토와 쇼꾸지니 쯔이떼마스까

- 디저트는 생략하겠습니다.
  デザートはいいです。
  데자-토와 이이데스

- 배가 불러서 디저트는 못 먹겠어요.
  もうお腹いっぱいですので、デザートはいいです。
  모- 오나까 입빠이데스노데 데자-토와 이이데스

식

사

❻ 음료 주문

음료수는 무엇이 있습니까?
のみものは何がありますか?
노미모노와 나니가 아리마스까

유용한 표현

- 식사전에 오렌지 주스를 주세요.
  食事のまえにオレンジジュースをください。
  쇼꾸지노 마에니 오렌지쥬-스오 구다사이

- 와인 리스트를 보여주시겠어요?
  ワインリストをもらえますか?
  와인리스토오 모라에마스까

- 백포도주 한 잔 부탁드립니다.
  白ワインいっぱいおねがいします。
  시로와잉 입빠이 오네가이시마스

- 칵테일에는 어떤 종류가 있나요?
  カクテルはどんなのがありますか?
  카쿠테루와 돈나노가 아리마스까

- 식전(식후)에 커피를 마시고 싶은데요.
  食事の前(後)にコーヒーを飲みたいです。
  쇼꾸지노 마에(아토)니 코-히-오 노미타이데스

- 우유 좀 데워주세요.
  牛乳をあっためてください。
  규-뉴-오 앗타메떼 구다사이

- 커피 좀 더 마실 수 있을까요?
  コーヒーおかわりできますか?
  코-히- 오카와리 데끼마스까

- 물 좀 더 주세요.
  お水おかわりおねがいします。
  오미즈 오까와리 오네가이시마스

- 콜라 리필해 주시겠어요?
  コーラおかわりおねがいします。
  코-라 오까와리 오네가이시마스

- 음료수는 뭘로 하시겠어요?
  飲み物はなんにしますか?
  노미모노와 난니시마스까

- 커피 좀 더 드시겠어요?
  コーヒーおかわり頼みますか?
  코-히- 오카와리 타노미마스까

식사

❼ 패스트푸드점

햄버거와 콜라를 주세요.
ハンバーガーとコーラをください。
함바-가-또 코-라오 구다사이

 유용한 표현

- B세트 하나 주세요.
  Bセットをひとつください。
  B셋또오 히토쯔 구다사이

- 감자튀김 있나요?
  ポテトありますか?
  포테또 아리마스까

- 여기서 먹을 거에요.
  ここで食べます。
  고꼬데 다베마스

- 빨대가 없네요.
  ストローがないんですが。
  스토로-가 나잉데스가

- 앉을 곳은 없나요?
  座れるところはありませんか?
  스와레루 도꼬로와 아리마셍까

- 얼음을 더 넣어주시겠어요?
  アイスをもっといれてくださいませんか？
  아이스오 못또 이레떼구다사이마셍까

- 음료수에서 얼음은 빼 주세요.
  アイスはいれないでください。
  아이스와 이레나이데 구다사이

- 새우버거하고 콜라 큰 것으로 하나 주세요.
  エビバーガーとコーラをLサイズおねがいします。
  에비바-가-또 코-라오 L사이즈 오네가이시마스

- 그리고 애플파이를 주세요.
  そして、アップルパイをください。
  소시떼 압푸루파이오 구다사이

- 가지고 가게 싸 주세요.
  おもちかえりにしてください。
  오모찌카에리니 시떼구다사이

- 감자튀김 추가해 주세요.
  ポテトを追加してください。
  포테또오 쯔이까시떼 구다사이

식

사

실용회화
Dialogue

A 더 주문하실 것 없나요?
ほかにはありませんか?
호까니와 아리마셍까

B 네, 그게 다입니다.
はい、それだけでいいです。
하이 소레다께데 이이데스

A 가지고 가실 건가요?
お持ち帰りですか?
오모찌카에리데스까

B 네, 그렇습니다.
はい、そうです。
하이 소-데스

아니오, 여기서 먹을 거예요.
いいえ、こちらで食べます。
이이에 고찌라데 다베마스

요리 관련어

레스토랑	レストラン	레스또랑
메뉴	メニュー	메뉴
식당	食堂(しょくどう)	쇼꾸도-
식사	食事(しょくじ)	쇼꾸지
양식	洋食(ようしょく)	요-쇼꾸
일식	和食(わしょく)	와쇼꾸
아침식사	朝食(ちょうしょく)	쵸-쇼꾸
점심식사	昼食(ちゅうしょく)	츄-쇼꾸
저녁식사	夕食(ゆうしょく)	유-쇼꾸
주문	注文(ちゅうもん)	츄-몽
중국요리	中国料理(ちゅうごくりょうり)	츄-고꾸료-리
프랑스요리	フランス料理(りょうり)	후란스료-리
요리	料理(りょうり)	료-리
게	かに	카니
닭고기	鶏肉(とりにく)	토리니꾸
돼지고기	豚肉(ぶたにく)	부타니꾸
쇠고기	牛肉(ぎゅうにく)	규-니꾸
수프	スープ	스-푸
야채수프	野菜(やさい)スープ	야사이스-푸
크림수프	クリームスープ	쿠리무스-푸
바다가재	ロブスター	로부스타-
빵	パン	팡
샐러드	サラダ	사라다
생선	魚(さかな)	사까나
스테이크	ステーキ	스테-끼
일품요리	単品料理(たんぴんりょうり)	탐삔료-리
전채요리	前菜料理(ぜんさいりょうり)	젠사이료-리
주요리	メイン料理(りょうり)	메인료-리
콘프레이크	コーンフレーク	콘후레-쿠
해물요리	シーフード	시-후-도

식사

❽ 계산하기

거스름돈은 가지세요.
おつりはいいです。
오쯔리와 이이데스

 **유용한 표현**

- 계산을 해 주세요.
  会計おねがいします。
  카이케- 오네가이시마스

- 여행자수표나 신용카드 받습니까?
  トラベルチェックとかカードできますか？
  토라베루 첵쿠또까 카-도 데끼마스까

- 영수증 좀 주세요.
  領収書おねがいします。
  료-슈-쇼 오네가이시마스

- 계산은 따로따로 부탁합니다.
  会計をべつべつにおねがいします。
  카이케-오 베쯔베쯔니 오네가이시마스

- 계산이 틀린 것 같은데요.
  計算が間違っているようですが。
  케-상가 마찌갓떼 이루요-데스가

관광

1. 관광 안내소
2. 여행 자료
3. 길 안내
4. 사진 촬영
5. 미술관·박물관
6. 공연장
7. 영화관
8. 스포츠와 레포츠
9. 술집
10. 디스코장

줄서서 먹을 순서를
기다리는 일본 사람들 ▶

❶ 관광 안내소

관광 안내소는 어디에 있나요?
観光案内所はどこにありますか？
캉꼬-안나이쇼와 도꼬니 아리마스까

관광 예약

- 여기서 예약할 수 있습니까?
  ここで旅行の予約もできますか？
  고꼬데 료꼬-노 요야꾸모 데끼마스까

- 관광여행에 참가하고 싶습니다.
  観光ツアーに参加したいんですが。
  캉꼬-쯔아-니 상까시타잉데스가

- 야간 관광이 있습니까?
  夜間ツアーはありますか？
  야깡쯔아-와 아리마스까

- 8월 10일, 모닝투어 예약을 부탁합니다.
  8月10日のモーニングツアーの予約をおねがいします。
  하찌가쯔 토-까노 모-닝구쯔아-노 요야꾸오 오네가이시마스

- 이번 주 토요일로 예약하겠습니다.
  今週の土曜日で予約します。
  곤슈-노 도요-비데 요야꾸시마스

관광

- 시내관광이 있나요?

    市内ツアーはありますか？
    시나이쯔아-와 아리마스까

- 하루 관광이 있습니까?

    日帰りのツアーはありますか？
    히가에리노 쯔아-와 아리마스까

- 어떤 투어가 인기 있습니까?

    どんなツアーが人気がありますか？
    돈나 쯔아-가 닝끼가 아리마스까

- 정원은 몇 명인가요?

    定員は何人ですか？
    테-잉와 난닌데스까

- 어린이 요금은 얼마입니까?

    子供の料金はいくらですか？
    코도모노 료-낑와 이꾸라데스까

- 얼마에요?

    いくらですか？
    이꾸라데스까

- 시간은 얼마나 걸립니까?

    時間はどれぐらいかかりますか？
    지깡와 도레구라이 가까리마스까

193

- 어디에서 숙박하나요?

  宿泊はどこでするんですか？

  슈꾸하꾸와 도꼬데 스룬데스까

- 언제 출발하나요?

  いつ出発するんですか？

  이쯔 슙빠쯔 스룬데스까

- 그곳에 어떻게 가나요?

  あそこにはどうやっていきますか？

  아소꼬니와 도-얏떼 이끼마스까

- 일정에 대해 자세히 설명해 주시겠어요?

  日程についてくわしく説明してもらえますか？

  닛테-니 쯔이떼 쿠와시꾸 세쯔메-시떼 모라에마스까

- 몇 시까지 어디로 가면 됩니까?

  何時までどこに行けばいいですか？

  난지마데 도꼬니 이께바 이이데스까

- 점심 포함입니까?

  昼食込みですか？

  츄-쇼꾸코미데스까

- 옵션 관광도 있나요?

  オプションツアーもありますか？

  오푸숀쯔아-모 아리마스까

가이드

- 가이드가 동행하나요?
  ガイドもつきますか?
  가이도모 쯔키마스까

- 관광 가이드를 붙여 줄 수 있어요?
  ガイドをつけてもらえますか?
  가이도오 쯔께떼 모라에마스까

- 시내관광 안내를 부탁합니다.
  市内ガイドをおねがいします。
  시나이가이도오 오네가이시마스

- 한국인 가이드도 있습니까?
  韓国人のガイドもいますか?
  캉코꾸진노 가이도모 이마스까

- 어떤 곳을 관광합니까?
  どんなところを観光するんですか?
  돈나 도꼬로오 캉꼬-스룬데스까

- 당일치기 여행입니까?
  日帰りですか?
  히가에리데스까

관광

교통편

- 동경역은 어디입니까?
  ### 東京駅はどちらですか?
  토-쿄-에끼와 도찌라데스까

- 시내는 어떻게 갑니까?
  ### 市内にはどう行けばいいですか?
  시나이니와 도- 이께바 이이데스까

- 버스 정거장은 어디입니까?
  ### バス停はどごですか?
  바스떼-와 도꼬데스까

- 교통편은 무엇을 이용합니까?
  ### 交通便は何を使っていますか?
  코-쯔-빙와 나니오 쯔깟떼이마스까

- 몇 시 출발인가요?
  ### 何時に出発しますか?
  난지니 슙빠쯔시마스까

- 걸어서 갈 수 있습니까?
  ### あるいて行けますか?
  아루이떼 이께마스까

- 이 지도에 표시를 해 주시겠습니까?
  ### この地図にかいてもらえますか?
  고노 치즈니 카이테 모라에마스까

여행지 추천

- 좋은 장소를 추천해 주시겠어요?
  いいところを紹介してもらえますか？
  이이 도꼬로오 쇼-까이시떼 모라에마스까

- 명소나 유적지가 있나요?
  有名なところとか観光地なんかありますか？
  유-메-나 도꼬로또까 캉꼬-치낭까 아리마스까

- 그곳은 무엇으로 유명합니까?
  あそこはどういうもので有名ですか？
  아소꼬와 도-이우 모노데 유-메-데스까

- 색다른 곳을 가르쳐 주시겠습니까?
  かわったところを紹介してくれませんか？
  카왓따 도꼬로오 쇼-까이시떼 구레마셍까

- 이 도시의 구경거리를 추천해주시겠어요?
  この街の見所を紹介してくださいませんか？
  고노 마찌노 미도꼬로 쇼-까이시떼 구다사이마셍까

- 이 근처에 싸고 좋은 레스토랑을 소개 받을 수 있을까요?
  このちかくで安くていいレストランをしょうかいしてもらえますか？
  고노 찌까꾸데 야스꾸떼 이이 레스토랑오 쇼-까이시떼 모라에마스까

- 이 근처에 쇼핑몰이 있나요?
  このちかくにショッピングセンターはありますか？
  고노 찌까꾸니 숍핑구센타-와 아리마스까

관광

❷ 여행 자료

> 이 지역의 가이드북이 있나요?
> **この街のガイドブックなんかありますか?**
> 고노 마찌노 가이도북꾸낭까 아리마스까

🐟 유용한 표현

- 시내지도가 있습니까?
  市内地図はありますか?
  시나이치즈와 아리마스까

- 관광지도를 얻을 수 있을까요?
  観光地図をもらえますか?
  캉꼬-치즈오 모라에마스까

- 이 팜플렛 한 권을 가져도 될까요?
  このパンフをいちまいもらっていいですか?
  고노 팡후오 이찌마이 모랏떼 이이데스까

- 이 지역의 안내서를 얻을 수 있을까요?
  このまちの案内書をもらえますか?
  고노 마찌노 안나이쇼오 모라에마스까

- 지하철이나 버스노선도 같은 거 있나요?
  地下鉄とかバスの路線図なんかありますか?
  치카테쯔또까 바스노 로센즈낭까 아리마스까

긴급 연락처

◎ 긴급상황

경찰 110 / 화재, 앰블런스 119
경찰 영어 종합안내 (03) 3501-0110

알아두어야할 전화번호

◎ 비상사태시

경찰 긴급 110 / 분실·습득물 신고 (03) 3814-4151
일반안내 (03) 3501-0110(일본어/영어),
　　　　　(03) 3503-8484(영어 등)
화재/구급차 119
병원안내 (03) 5285-8181
재팬헬프라인(The Japan Helpline) (0120) 461-997

◎ 통신

전보 국내 115 / 국외 (03) 3344-5151
신칸센 안내 107
중앙우체국 국내 (03) 5472-5851
국제 (03) 3241-4891

◎ 일상생활정보

안내코너(다국어 사용) (045) 671-7209(일본어/영어)

◎ 관광정보안내

여행자 정보센터 도쿄 (03) 3201-3331
교토 (075) 371-5649
나리타(제2여객터미널) (0476) 34-6251
나리타(제1여객터미널) (0476) 30-3383
간사이 (0724) 56-6025

❸ 길 안내

실례합니다.
すみません。
스미마셍

 유용한 표현

- 길을 잃었어요.
  道にまよっています。
  미찌니 마욧떼이마스

- 이 지도에 표시를 해 주시겠습니까?
  この地図に書いてくださいませんか?
  고노 치즈니 카이떼 구다사이마셍까

- 역으로 가는 길을 가르쳐 주시겠습니까?
  駅に行く道をおしえてもらえますか?
  에끼니 이꾸 미찌오 오시에떼 모라에마스까

- 여기서 가깝습니까?
  ここから近いですか?
  고꼬까라 찌까이데스까

- 여기가 어디입니까?
  ここはどこですか?
  고꼬와 도꼬데스까

- 이 거리의 이름은 무엇입니까?

    この通りの名前はなんていうんですか?
    고노 토-리노 나마에와 난떼 이운데스까

- 이 길이 시부야로 가는 길입니까?

    この道は渋谷に行くみちですか?
    고노 미찌와 시부야니 이꾸미찌데스까

- 우에노공원으로는 어떻게 가나요?

    上野公園にはどう行けばいいんですか?
    우에노코-엔니와 도- 이께바 이잉데스까

- 버스정류장은 어디 있나요?

    バス停はどちらですか?
    바스테-와 도찌라데스까

- 출구(엘리베이터)는 어디 있나요?

    出口(エレベーター)はどちらですか?
    데구찌(에레베-타-)와 도찌라데스까

- 택시로 얼마나 걸리나요?

    タクシーでどれぐらいかかりますか?
    타쿠시-데 도레구라이 가까리마스까

- 저 건물은 무엇입니까?

    あの建物は何ですか?
    아노 타떼모노와 난데스까

관광

실용회화
Dialogue

A	이 호텔엔 어떻게 가면 되나요? このホテルへはどう行けばいいのですか? 고노 호테루에와 도- 이께바 이이노데스까
B	곧바로 가서 2번째 모퉁이를 오른쪽으로 돌면 왼쪽에 있습니다. まっすぐ行って、2番目の角を右に曲がったら、左側にあります。 맛스구 잇떼 니밤베노 카도오 미기니 마갓따라 히다리가와니 아리마스
A	얼마나 걸리나요? どれぐらいかかりますか? 도레구라이 가까리마스까
B	세 시간 정도 걸립니다. 3 時間ぐらいかかります。 산지깡 구라이 가까리마스
A	걸어서 어느 정도 걸립니까? 歩いてどれぐらいかかりますか? 아루이떼 도레구라이 가까리마스까
B	5분 정도입니다. 5分ぐらいです。 고홍 구라이데스

관광 관련어

관광	観光(かんこう)	캉꼬-
명소	名所(めいしょ)	메-쇼
박람회	博覧会(はくらんかい)	하꾸랑까이
화랑	ギャラリ	갸라리
전시장	展示場(てんじじょう)	텐지죠-
동물원	動物園(どうぶつえん)	도-부쯔엥
식물원	植物園(しょくぶつえん)	쇼꾸부쯔엥
수족관	水族館(すいぞくかん)	스이조꾸깡
공원	公園(こうえん)	코-엥
유원지	遊園地(ゆうえんち)	유-엔치
축제	祭(まつ)り	마쯔리
행사	行事(ぎょうじ)	교-지
연중행사	年中行事(ねんちゅうぎょうじ)	넨츄-교-지

❹ 사진 촬영

사진을 찍어도 되나요?
写真をとってもいいですか?
샤싱오 톳떼모 이이데스까

🖐 유용한 표현

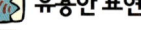

- 당신의 사진을 찍어도 될까요?
  あなたの写真をとっていいですか?
  아나타노 샤싱오 톳떼 이이데스까

- 치즈 하세요!
  はい、チーズ!
  하이 치-즈

- 셔터를 누르기만 하면 됩니다.
  シャッターをおすだけでいいです。
  샷따-오 오스다께데 이이데스

- 빨간불이 들어오면 버튼을 누르세요.
  赤いランプがついたら、ボタンを押してください。
  아까이 람푸가 쯔이따라 보땅오 오시떼 구다사이

- 한 장 더 부탁합니다.
  もう1枚おねがいします。
  모- 이찌마이 오네가이시마스

- 여기에 서 주세요.

  ここにたってください。

  고꼬니 탓떼 구다사이

- 플래시를 사용할 수 있습니까?

  フラッシュをつかっていいですか?

  후랏슈오 쯔깟떼 이이데스까

- 배터리를 파는 곳이 어딘지 아세요?

  バッテリーを売っているところは、どこか知りませんか?

  밧데리-오 웃떼이루 도꼬로와 도꼬까 시리마셍까

- 여기에 주소를 적어 주세요.

  ここに住所をかいてください。

  고꼬니 쥬-쇼오 카이떼 구다사이

- 사진을 보내드리겠습니다.

  写真をお送りします。

  샤싱오 오오꾸리시마스

어휘

· 배터리	バッテリー	밧데리-
· 사진촬영 금지	撮影禁止(さつえいきんし)	사쯔에-킨시
· 인화	印画(いんが)	잉가
· 컬러필름	カラーフィルム	카라휘루무
· 프래쉬 금지	フラッシュ禁止(きんし)	후랏슈킨시
· 현상	現像(げんぞう)	겐조-

❺ 미술관 · 박물관

입장료는 얼마입니까?
入場料はいくらですか?
뉴-죠-료-와 이꾸라데스까

 유용한 표현

- 표는 어디에서 살 수 있습니까?
  チケットはどこで買えますか?
  치켓또와 도꼬데 카에마스까

- 단체 할인됩니까?
  団体割引ありますか?
  단따이와리비끼 아리마스까

- 출구는 어디입니까?
  出口はどちらですか?
  데구찌와 도찌라데스까

- 지금 입장해도 됩니까?
  いま、はいってもいいですか?
  이마 하잇떼모 이이데스까

- 재입장이 가능합니까?
  再入場できますか?
  사이뉴-죠- 데끼마스까

- 짐은 가지고 들어갈 수 없습니다.
  手荷物は持って入れません。
  테니모쯔와 못떼 하이레마셍

- 한국어로 된 안내문 있습니까?
  韓国語の案内冊子もありますか?
  캉코꾸-노 안나이삿시모 아리마스까

- 몇 시에 문을 닫습니까?
  何時に閉まりますか?
  난지니 시마리마스까

- 휴관일은 언제입니까?
  休みはいつですか?
  야스미와 이쯔데스까

관광

어휘

· 공원	公園(こうえん)	코-엥
· 동물원	動物園(どうぶつえん)	도-부쯔엥
· 박람회	博覧会(はくらんかい)	하쿠랑까이
· 박물관	博物館(はくぶつかん)	하구부쯔깡
· 수족관	水族館(すいぞくかん)	스이조꾸깡
· 식물원	植物園(しょくぶつえん)	쇼꾸부쯔엥
· 유원지	遊園地(ゆうえんち)	유-엔치
· 전시장	展示場(てんじじょう)	텐지죠-
· 축제	祭(まつ)り	마쯔리
· 화랑	ギャラリ	갸라리

실용회화
Dialogue

여행자	성인 두 장 주세요. 大人2枚ください。 오토나 니마이 구다사이
직 원	2000엔입니다. 2000円です。 니셍엔데스
여행자	지금 들어가도 됩니까? いま、入っていいですか? 이마 하잇떼 이이데스까
직 원	네, 들어가도 좋습니다. はい、どうぞ。 하이 도-조
여행자	얼마나 걸립니까? どれぐらいかかりますか? 도레구라이 가까리마스까
직 원	약 40분 걸립니다. 約40分ぐらいかかります。 야꾸 욘집뿡구라이 가까리마스

미술관 · 박물관 표시

- ￥2500　2500엔　니셍고햐꾸엥
- 入場料無料　입장료 무료　뉴-죠-료 무료-
- 開館時間 午前10時　개관시간 오전 10시　카이깐지깡 고젠 쥬-지
- 閉館時間 午後7時　폐관시간 오후 7시　헤-깐지깡 고고 시찌지
- 休館(きゅうかん)　휴관　큐-깡
- 関係者以外立ち入り禁止　관계자 외 출입금지　캉케-샤이가이 타찌이리킨시
- 資料室　자료실　시료-시쯔
- 立ち入り禁止　출입금지　타찌이리킨시
- 撮影禁止　사진 촬영 금지　사쯔에-킨시
- スケッチ禁止　스케치 금지　스켓치킨시
- 忘れ物預かり所　분실물 취급소　와스레모노아즈까리쇼
- ペンキ塗り立て注意　칠주의　펭끼누리타떼츄-이
- 故障　고장　고쇼-

관광

❻ 공연장

오늘 밤 무슨 공연을 합니까?
今夜は何の公演があるのですか?
콩야와 난노 코-엥가 아루노데스까

🗣 유용한 표현

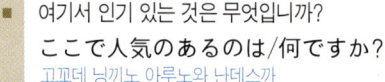

- 여기서 인기 있는 것은 무엇입니까?
  ここで人気のあるのは/何ですか?
  고꼬데 닝끼노 아루노와 난데스까

- 다음 금요일, 뮤지컬 티켓을 2장 주세요.
  来週金曜日のミュージカルチケットを2枚ください。
  라이슈- 킹요-비노 뮤-지카루치켓토오 니마이 구다사이

- 오늘 낮 공연 티켓 있습니까?
  今日/昼の部のチケットはありますか?
  쿄- 히루노 부노 치켓또와 아리마스까

- 티켓은 아직 살수 있나요?
  チケットはまだ買えますか?
  치켓또와 마다 카에마스까

- 오페라 극장에서는 지금 무엇을 상연하고 있습니까?
  オペラ劇場ではいま/何を上演していますか?
  오페라게끼죠-데와 이마 나니오 죠-엔 시떼이마스까

- 상연시작은 몇 시부터 몇 시까지입니까?

  上演時間は何時から何時までですか？

  죠-엔지깡와 난지까라 난지마데데스까

- 오페라는 어디서 볼 수 있습니까?

  オペラはどこで見られますか？

  오페라와 도꼬데 미라레마스까

- 몇 시에 시작합니까?

  何時に始まりますか？

  난지니 하지마리마스까

관광

어휘

· 극장	劇場(げきじょう)	게끼죠-
· 뮤지컬	ミュージカル	뮤-지카루
· 발레	バレー	바레-
· 쇼	ショー	쇼-
· 야외극장	露天劇場(ろてんげきじょう)	로텐게끼죠-
· 연극	演劇(えんげき)	엥게끼
· 영화	映画(えいが)	에-가
· 영화관	映画館(えいがかん)	에-가깡
· 오페라	オペラ	오페라
· 콘서트	コンサート	콘사-또
· 콘서트 홀	コンサートホール	콘사-또호-루

211

❼ 영화관

입장료는 얼마입니까?
入場料はいくらですか?
뉴-죠-료-와 이꾸라데스까

 유용한 표현

- 영화관은 어디 있습니까?
  映画館はどちらですか?
  에-가깡와 도찌라데스까

- 영화를 보고 싶습니다.
  映画をみたいです。
  에-가오 미타이데스

- 표 두 장 주세요.
  チケットを2枚ください。
  치켓또오 니마이 구다사이

- 몇 시 표가 있습니까?
  何時のチケットがありますか?
  난지노 치켓또가 아리마스까

- 지금 인기 있는 것은 무엇입니까?
  いま、人気のあるのは何ですか?
  이마 닌끼노 아루노와 난데스까

- 자리는 있습니까?

  席はまだ、空いていますか？
  세끼와 마다 아이떼이마스까

- 이 자리는 비어 있습니까?

  この席は、あいていますか？
  고노 세끼와 아이떼이마스까

관광

8 스포츠와 레포츠

테니스(골프)를 하고 싶습니다.
テニス(ゴルフ)がしたいです。
테니스(고루후)가 시타이데스

유용한 표현

- 낚시를 하러 가고 싶습니다.
  つりに行きたいです。
  쯔리니 이키타이데스

- 투어에 참가하고 싶습니다.
  ツアーに参加したいです。
  쯔아-니 상까시타이데스

- 보증금은 얼마입니까?
  あずかりきんはいくらですか？
  아즈까리낑와 이꾸라데스까

- 언제 반환해야 하나요?
  いつまで返せばいいですか？
  이쯔마데 카에세바 이이데스까

- 더 작은 것은 없나요?
  もうすこしちいさいのはありませんか？
  모- 스꼬시 찌-사이노와 아리마셍까

- 도구를 빌릴 수 있나요?

  道具をレンタルできますか?

  도-구오 렌타루 데끼마스까

- 테니스장 있나요?

  テニスコートはありますか?

  테니스코-또와 아리마스까

- 라켓과 볼을 빌릴 수 있을까요?

  ラケットとボールをかりられますか?

  라켓토또 보-루오 카리라레마스까

- 이 부근에 골프장 없나요?

  このちかくにゴルフ場はありますか?

  고노 찌까꾸니 고루후죠-와 아리마스까

- 어딘가 좋은 곳을 추천해 주실 수 있으세요?

  どこかいいところを紹介してもらえますか?

  도꼬까 이이 도꼬로오 쇼-까이시떼 모라에마스까

- 보드를 빌리고 싶은데요.

  ボードをかりたいんですが。

  보-도오 카리타잉데스가

 어휘

· 테니스	テニス	테니스
· 골프	ゴルフ	고루후
· 낚시	つり	쯔리

❾ 술집

한 잔 더 주세요.
もういっぱいおねがいします。
모- 입빠이 오네가이시마스

유용한 표현

- 맥주를 주세요.
  ビールをください。
  비-루오 구다사이

- 같은 걸로 한 잔 부탁해요.
  同じものでもういっぱいおねがいします。
  오나지 모노데 모-입빠이 오네가이시마스

- 얼음을 넣어 주세요.
  アイスをいれてください。
  아이스오 이레떼 구다사이

- 위스키 있습니까?
  ウイスキーはありますか?
  우이스키-와 아리마스까

- 그것으로 하겠어요.
  それにします。
  소레니 시마스

- 건배!

  乾杯!

  간빠이

- 제가 한 잔 살게요.

  わたしがおごります。

  와타시가 오고리마스

- 카운터 쪽 자리로 좋습니까?

  カウンターのほうでよろしいですか？

  카운타-노 호-데 요로시이데스까

- 물 탄 위스키 한 잔 주세요.

  ウイスキーをみずわりにしてください。

  우이스키-오 미즈와리니 시떼구다사이

- 안주는 뭐가 있나요?

  おつまみは何がありますか？

  오쯔마미와 나니가 아리마스까

관 광

실용회화 Dialogue

A 어떤 종류의 맥주가 있나요?
ビールはどんなのがありますか?
비-루와 돈나노가 아리마스까

B 버드와이저가 있습니다.
バードワイザーがあります。
바도와이자-가 아리마스

A 마실 것은요?
おのみものは何にしますか?
오노미모노와 난니 시마스까

B 맥주 주세요.
ビールをおねがいします。
비-루오 오네가이시마스

아니오, 됐습니다.
いいえ、いいです。
이이에 이이데스

어 휘

· 술집	のみや	노미야
· 럼	ラム	라무
· 맥주	ビール	비-루
· 맥주홀	ビヤホール	비야호-루
· 무도회장	ダンスホール	단스호-루
· 바	バー	바-
· 버본 위스키	バーボンウィスキー	바-본위스키-
· 보드카	ウオッカ	웍카
· 브랜디	ブランディ	부란디
· 생맥주	生(なま)ビール	나마비-루
· 샴페인	シャンペン	샴펜
· 스카치	スコッチ	스콧치
· 위스키	ウイスキー	우이스키-
· 입장료	入場料(にゅうじょうりょう)	뉴-죠-료-
· 주류 일람표	ワインリスト	와인리스토
· 진	ジン	진
· 칵테일	カクテル	카쿠테루
· 칵테일 라운지	カクテル ラウンジ	카쿠테루 라운지
· 캐나디언 위스키	カナディアン ウィスキー	카나디안 위스키-
· 캔맥주	缶(かん)ビール	칸비-루
· 테킬라	テキーラ	데끼-라
· 포도주	葡萄酒(ぶどうしゅ)	부도-슈

관광

⑩ 디스코장

디스코장에 가고 싶습니다.
ナイトクラブに行きたいです。
나이토쿠라부니 이끼타이데스

유용한 표현

- 쇼가 하는 나이트클럽이 있나요?
  ショーをやってくれるナイトクラブもありますか?
  쇼-오 얏떼 구레루 나이토쿠라부모 아리마스까

- 혼자라도 들어갈 수 있나요?
  ひとりでも入れますか?
  히토리데모 하이레마스까

- 몇 시에 엽니까?
  何時から始まるのですか?
  난지까라 하지마루노데스까

- 입장료는 얼마입니까?
  入場料はいくらですか?
  뉴-죠-료-와 이꾸라데스까

- 음료수 값은 별도입니까?
  のみもの代はべつですか?
  노미모노다이와 베쯔데스까

명소 · 볼거리

◯ 오사카의 명소 · 볼거리

■ 오사카(大阪)

500년의 역사를 지닌 오사카는 동경에 이어 일본에서 두 번째로 큰 도시이다.

"오사카 성"은 천하를 통일한 16세기 후반의 무장 "도요토미 히데요시"와 관련된 성이다. 천수각의 내부는 1층에서 7층까지가 당시의 무기와 갑옷, 민속자료를 전시한 역사 자료관이며, 8층은 전망대가 설치되어 있다. 구내에는 약 6만 평방미터의 잔디공원이 있으며, 특히 봄에 벚꽃이 피는 시기에는 꽃구경하는 사람들로 붐빈다. 주변에는 "오사카"의 문화와 역사를 소개하는 "오사카 시립 박물관"과 "도요쿠니 신사", 최대 1만6천명을 수용할 수 있는 규모의 "오사카 성 홀" 등이 있다. 또한 성의 주변에는 수로가 발달해 있어, 약 1 시간이면 시내의 강을 순회할 수 있는 수상 버스도 운행되고 있다.

"오사카 시 기타 구"의 "우메다"는 "오사카"의 기점이라 할 수 있는 "오사카 역"을 비롯하여, "한큐 선", "한신 선", 지하철 세 선의 전차가 집중된 대규모 터미널이다. 주변에는 백화점과 섬유 도매점가의 재개발로 탄생한 고층 빌딩이 늘어서 있으며, 오피스, 은행, 호텔 등이 집중된 "오사카" 경제의 중심지이다. "난바", "신사이바시"를 중심으로 한 「미나미」에 반해, "우메다"는 「기타」라고 불리며, 하루 종일 사람의 왕래가 끊이질 않는 대규모 쇼핑 지역이다.

지하상가로서 일본 제일의 규모를 자랑하는 "우메다 지하상가"는 찻집, 레스토랑을 비롯하여 서양의류, 잡화, 식료품 등의 가게가 즐비하며, 모자이크로 장식된 바닥의 분수가 아름다운 「샘의 광장」을 중심으로 그 자체가 하나의 도시를 연상시킨다.

▲ 오사카 성에서 내려다 본 전경

"우메다"의 신명소로 헥프파이브 대관람차가 있다. 9층 빌딩의 옥상에 만들어진 관람차는 밤에는 조명으로 밝혀진 모습을 보여주며, 오사카의 야경을 바라볼 수 있다.

"신사이바시"는 오사카 제일의 쇼핑지역으로 수많은 부티끄와 전문점이 모여 있어, 항상 많은 시민들과 관광객들로 붐비고 있다. "신사이바시"는 "신사이바시스지 상점가"라고 하는 아케이드가를 중심으로 발전해 왔다. 이곳에는 대형백화점과 노점, 서민적인 상점들이 길게 들어서 있다. 돌 블록 보도에 영국풍의 가로등과 벽돌로 지어진 건물들이 늘어선 "스오우마치 거리"는 엘레강스한 분위기 때문에 이 일대는 "유럽촌"이라고도 불린다.

"신사이바시" 서쪽 부분은 "아메리카촌"이라고 불리며, 개성적인 일러스트가 페인트로 그려져 있는 벽은 그곳의 심벌이다. "아메리카촌"에는 유행에 민감한 젊은이들 취향의 캐쥬얼한 상점들이 많이 모여 있어, "유럽촌"과는 대조적인 분위기이다.

쇼핑

1. 쇼핑 안내
2. 백화점 안내 데스크
3. 면세점
4. 안경가게
5. 사진관
6. 미용실
7. 화장품 가게
8. 보석 가게
9. 옷 가게
10. 슈퍼마켓
11. 계산하기
12. 포장
13. 배달
14. 반품 및 환불

❶ 쇼핑 안내

> 기념품은 어디에서 살수 있나요?
> **記念品はどこで買えますか?**
> 키넹힝와 도꼬데카에마스까

📢 유용한 표현

- 이 주변에 백화점은 있나요?
  このちかくにデパートはありますか?
  고노 찌까꾸니 데파-또와 아리마스까

- 면세점이 있습니까?
  免税店はありますか?
  멘제-뗑와 아리마스까

- 오늘도 영업합니까?
  今日もやってますか?
  쿄-모 얏떼마스까

- 차를 사고 싶은데요.
  お茶を買いたいんですが。
  오챠오 카이타잉데스가

- 필름은 어디서 파나요?
  フィルムはどこで売ってますか?
  휘루무와 도꼬데 웃떼마스까

- 이 부근에 쇼핑 센터가 있습니까?
  このちかくにショッピングセンターはありますか？
  고노 찌까꾸니 숍핑구센타-와 아리마스까

- 좋은 상점을 소개해 주시겠습니까?
  いいお店を紹介してもらえますか？
  이이 오미세오 쇼-까이시떼 모라에마스까

- 근처에 시장이 있습니까?
  ちかくに市場はありますか？
  찌까꾸니 이찌바와 아리마스까

- 영업시간은 몇 시부터입니까?
  営業時間は何時からですか？
  에-교-지깡와 난지까라데스까

- 영업시간은 몇 시까지입니까?
  営業時間は何時までですか？
  에-교-지깡와 난지마데데스까

- 어디에 가면 그것을 살 수 있을까요?
  どこに行けばそれを買えますか？
  도꼬니 이께바 소레오 카에마스까

- 이것도 세일합니까?
  これもバーゲンになりますか？
  고레모 바-겐니나리마스까

쇼핑

❷ 백화점 안내 데스크

무엇을 도와드릴까요?
何をおさがしですか?
나니오 오사가시데스까

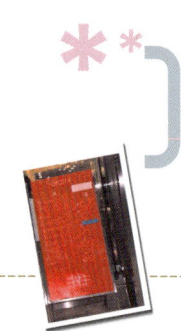

 유용한 표현

- 스웨터는 어디서 파나요?
  セーターはどこで売ってますか?
  세-타-와 도꼬데 웃떼마스까

- 화장품은 어디서 파나요?
  化粧品はどこで売ってますか?
  케쇼-힝와 도꼬데 웃떼마스까

- 남자 것도 있나요?
  男性用もありますか?
  단세-요-모 아리마스까

- 에스켈레이터는 어디 있나요?
  エスカレーターはどちらですか?
  에스카레-타-와 도찌라데스까

- 이 부근에 쇼핑 센터가 있습니까?
  このちかくにショッピングセンターはありますか?
  고노 찌까꾸니 숍핑구센타-와 아리마스까

실용회화 Dialogue

A   실례합니다. 스타킹과 양말 매장은 어디에 있습니까?
すみません。スターキングとくつしたの売り場はどちらですか?
스미마셍 스타킹구또 쿠쯔시따노 우리바와 도찌라데스까

B   에스컬레이터 오른쪽에 있습니다.
エスカレーターの右側にございます。
에스카레-타노 미기가와니 고자이마스

A   속옷 매장 옆에 있습니까?
したぎのうりばどちらですか?
시타기노 우리바와 도찌라데스까

B   저쪽입니다.
あちらです。
아찌라데스

A   감사합니다.
ありがとうございます。
아리가또-고자이마스

❸ 면세점

면세점이 있습니까?
免税店はありますか?
멘제-뗑와 아리마스까

유용한 표현

- 면세점은 몇 층입니까?
  免税店は何階ですか?
  멘제-뼁와 낭가이데스까

- 여권을 보여주세요.
  パスポートを見せてください。
  파스포-또오 미세떼 구다사이

- 술은 몇 병까지 살 수 있나요?
  お酒は何本まで買えますか?
  오사께와 난봄마데 카에마스까

- 나중에 환불 가능합니까?
  あとで現金にかえることはできますか?
  아토데 겡낑니 카에루코또와 데끼마스까

깜짝센스

면세점

면세품은 시내의 면세점, 공항의 면세점과 기내에서 살 수 있다. 공항의 면세점은 수입관세(Duty), 국내소비세(Tax)가 모두 면제되므로 시내에서 사는 것보다 싸다. 하지만 시내에서 사는 것보다는 품목 수가 적은 것이 단점이라고 할 수 있다. 물건에 따라서는 2배에 가까운 차익이 생길 수 있으므로 여러 나라를 다니는 사람은 구입계획을 잘 세워 둔다.

쇼핑

❹ 안경가게

안경이 망가졌어요.
メガネがこわれました。
메가네가 코와레마시따

유용한 표현

- 콘텍트 렌즈를 잃어버렸어요.
  コンタクトレンズをわすれてしまいました。
  콘타쿠토렌즈오 와스레떼 시마이마시따

- 안경을 맞추고 싶습니다.
  メガネがほしいんです。
  메가네가 호시잉데스

- 우선 시력검사를 하겠습니다.
  まず、検眼をします。
  마즈 켕강오 시마스

- 저는 근시(원시)예요.
  わたしは、近視(遠視)です。
  와타시와 킨시(엔시)데스

- 난시입니다.
  乱視です。
  란시데스

상점명칭

• 식기점	台所用品店(だいどころようひんてん)	다이도꼬로요-힝뗑
• 식료품점	食料品店(しょくりょうひんてん)	쇼꾸료-힝뗑
• 음악·악기점	音樂·樂器店(おんがく·がっきてん)	옹가꾸·각끼뗑

• 안경점	メガネ屋(や)	메가네야
• 약국	薬屋(くすりや)	구스리야
• 완구점	玩具店(がんぐてん)	강구뗑
• 전문점	専門店(せんもんてん)	셈몬뗑
• 주류점	酒屋(さかや)	사까야

• 할인점	安売(やすう)り屋(や)	야스우리야
• 과일가게	果物屋(くだものや)	구다모노야
• 야채가게	八百屋(やおや)	야오야
• 편의점	コンビニ	콤비니
• 슈퍼마켓	スーパーマーケット	스-파-마-켓또

쇼핑

❺ 사진관

이 필름을 현상해 주세요.
このフィルムを現像してください。
고노 휘루무오 겐조-시떼 구다사이

유용한 표현

- 36장 짜리 필름 주세요.
  36枚用のフィルムをください。
  산슈로꾸마이요-노 휘루무오 구다사이

- 얼마입니까?
  いくらですか？
  이꾸라데스까

- 이 카메라용 전지 있습니까?
  このカメラ用の電池はありますか？
  고노 카메라요-노 덴치와 아리마스까

- 렌즈 뚜껑은 있습니까?
  レンズのふたはありますか？
  렌즈노 후따와 아리마스까

- 이 카메라에 필름을 넣어 주실 수 있으세요?
  このカメラにフィルムを入(い)れてもらえますか？
  고노 카메라니 휘루무오 이레떼모라에마스까

- 셔터가 고장난 것 같아요.

  シャッターが故障したみたいです。
  샷타-가 코쇼-시타미따이데스

- 카메라를 수리해 주시겠어요?

  このカメラを修理してもらえますか？
  고노 카메라오 슈-리시떼 모라에마스까

- 금방 되나요?

  すぐできますか？
  스구 데끼마스까

- 언제까지 됩니까?

  いつまでできますか？
  이쯔마데 데끼마스까

❻ 미용실

컷트를 부탁합니다.
カットをおねがいします。
캇또오 오네가이시마스

🔊 유용한 표현

- 예약이 필요한가요?
  予約がいりますか？
  요야꾸가 이리마스까

- 어떻게 잘라드릴까요?
  どのようにしましょうか？
  도노요-니 시마쇼-까

- 곧 컷트할 수 있습니까?
  すぐやってもらえるんですか？
  스구 얏테모라에룬데스까

- 샴푸, 컷트, 드라이를 부탁합니다.
  シャンプ、カット、ドライをおねがいします。
  샴푸 캇또 도라이오 오네가이시마스

- 파마를 해 주세요.
  パーマをおねがいします。
  파-마오 오네가이시마스

- 파마를 하고 싶은데요.
  パーマをやってもらいたいんです。
  파-마오 얏떼 모라이타잉데스

- 짧게 잘라 주세요.
  短くしてもらいたいんですが。
  미지까꾸시떼 모라이타잉데스가

- 이 머리형으로 해 주세요.
  このヘアスタイルでやってください。
  고노 헤아스타이루데 얏떼구다사이

- 얼마인가요?
  いくらですか?
  이꾸라데스까

- 이것은 팁이에요.
  これはチップです。
  고레와 칩뿌데스

❼ 화장품 가게

> 브랜드가 뭡니까?
> **どこのブランドですか?**
> 도꼬노 부란도데스까

유용한 표현

- 이 색깔과 비슷한 립스틱 있나요?
  この色とにた口紅はありますか?
  고노 이로또 니따 구찌베니와 아리마스까

- 이것과 똑같은 립스틱 있나요?
  これと同じ口紅はありますか?
  고레또 오나지 구찌베니와 아리마스까

- 색상은 이게 다인가요?
  色はこれだけですか?
  이로와 고레다께데스까

- 아이 섀도 있나요?
  アイシェードはありますか?
  아이세-도와 아리마스까

- 건성피부용인가요?
  乾性肌用ですか?
  칸세-하다요-데스까

어떤 색상의 파운데이션이 저한테 어울리는 것 같으세요?

**わたしにはどんな色のファウンデーションがにあうと
おもいますか?**

와타시니와 돈나 이로노 화운데-송가 니아우또 오모이마스까

화장품 관련어

· 스킨로션	スキンローション	스킨로-숀
· 밀크로션	ミルクローション	미루쿠로-숀
· 보습로션	保湿ロ-ション	호시쯔로-숀
· 기초화장품	基礎化粧品	키소케쇼-힝

· 립스틱	口紅	구찌베니
· 아이새도우	アイシェード	아이셰-도
· 마스카라	マスカラ	마스카라
· 매니큐어	マニキュア	마니큐아

쇼 핑

⑧ 보석 가게

보증서는 있습니까?
保証書はありますか?
호쇼-쇼와 아리마스까

유용한 표현

- 이건 다이아입니까?
  これはダイヤですか?
  고레와 다이야데스까

- 이건 어떤 보석인가요?
  これはなんという石ですか?
  고레와 난또유 이시데스까

- 방수가 됩니까?
  放水ですか?
  호-스이데스까

- 한국에서 수리됩니까?
  韓国でも修理をうけれますか?
  캉꼬꾸데모 슈-리오 우께레마스까

- 시간을 맞춰 주시겠어요?
  時間をあわせてもらえますか?
  지깡오 아와세떼 모라에마스까

- 어느 나라 제품입니까?
  どこの製品ですか？
  도꼬노 세-힝데스카

- 저의 탄생석이 뭔지 알려주시겠어요?
  私の誕生石をおしえてもらえますか？
  와타시노 탄죠-세끼오 오시에떼 모라에마스까

- 귀걸이를 보여주시겠어요?
  イアーリングをみせてもらえますか？
  이아-링구오 미세떼 모라에마스까

- 이것은 18K입니까?
  これは18Kですか？ 24Kですか？
  고레와 쥬-하찌킨데스까 니쥬-욘킨데스까

- 다른 디자인은 없습니까?
  ほかのデザインはありませんか？
  호까노 데자잉와 아리마셍까

- 반지(목걸이)를 사고 싶습니다.
  指輪（ネックレス）を買いたいんです。
  유비와(넥쿠레스)오 카이타잉데스

쇼핑

❾ 옷 가게

이거 입어봐도 되나요?
これを試着してもいいですか?
고레오 시챠꾸시테모 이이데스까

🐟 쇼핑하기

- 그냥 구경하고 있는 거에요.
  ただ、見るだけです。
  타다 미루다께데스

- 탈의실이 어디입니까?
  試着室はどちらですか?
  시챠꾸시쯔와 도찌라데스까

- 어울려요?
  にあいますか?
  니아이마스까

- 잠깐만 생각해 볼게요.
  ちょっと、かんがえてみます。
  춋또 강가에떼미마스

- 지금 유행하는 것이 뭔가요?
  いま、はやっているのはどれですか?
  이마 하얏떼이루노와 도레데스까

- 어떤 게 좋은가요?

    どれがいいですか?
    도레가 이이데스까

- 다른 디자인 있나요?

    ほかのデザインはありませんか?
    호까노 데자잉와 아리마셍까

- 다른 색상은 없나요?

    ほかの色はありませんか?
    호까노 이로와 아리마셍까

- 다른 옷들을 입어봐도 됩니까?

    ほかのも試着してみてもいいですか?
    호까노모 시차꾸시떼미떼모 이이데스까

- 다른 것은 없나요?

    ほかのはありませんか?
    호까노와 아리마셍까

- 거울은 어디에 있나요?

    鏡はどこにありますか?
    카가미와 도꼬니 아리마스까

- 이걸로 살게요.

    これにします。
    고레니 시마스

쇼핑

- 이게 마음에 들었습니다.
  これが気に入りました。
  고레가 키니 이리마시따

- 이것만 사겠습니다.
  これだけにします。
  고레다께니 시마스

 사이즈

- 약간 끼는데요.
  ちょっと、きついんですが。
  촛또 키쯔잉데스가

- 이 치마의 사이즈는 어떻게 되나요?
  このスカートのサイズはいくつですか?
  고노 스카-또노 사이즈와 이꾸쯔데스까

- 치수를 재 주시겠어요?
  サイズをはかってもらえますか?
  사이즈오 하깟떼 모라에마스까

- 어깨 사이즈를 재주시겠어요?
  肩のサイズをはかってもらえますか?
  카타노 사이즈오 하깟떼 모라에마스까

- 이것은 작아요.
  これは／ちいさいです。
  고레와 찌이사이데스

- 더 큰 사이즈는 있습니까?
  もうすこし大きいサイズはありませんか?
  모- 스꼬시 오오끼이 사이즈와 아리마셍까

- 너무 커요. / 작아요.
  大きすぎます。／ 小さすぎます。
  오오끼스기마스 / 찌이사스기마스

- 너무 길어요. / 짧아요.
  長すぎます。／ 短すぎます。
  나가스기마스/미지까스기마스

- 다른 사이즈 없나요?
  ほかのサイズはありませんか?
  호까노 사이즈와 아리마셍까

- 치수가 딱 맞네요.
  ちょうどいいです。
  쵸-도 이이데스

- 사이즈를 모릅니다.
  サイズは知りません。
  사이즈와 시리마셍

쇼핑

243

옷 종류

· 겉옷	上着(うわぎ)	우와기
· 드레스	ドレス	도레스
· 원피스	ワンピース	완피-스
· 바지	ズボン	즈봉

· 블라우스	ブラウス	부라우스
· 셔츠	シャツ	샤츠
· 속옷	下着(したぎ)	시타기
· 스웨터	セーター	세-타-

· 양복	スーツ	스-츠
· 자켓	ジャケット	쟈켓또
· 치마	スカート	스카-또
· 코트	コート	코-또

· 반팔	半袖(はんそで)	한소데
· 반바지	半(はん)ズボン	한즈봉
· 긴팔	長袖(ながそで)	나가소데
· 긴바지	長(なが)ズボン	나가즈봉
· 청바지	ジーンズ	진-즈

어휘

· 섬유	繊維(せんい)	셍이
· 가죽	皮(かわ)	카와
· 공단	サテン	사텡
· 데님	デニム	데니무
· 마	麻(あさ)	아사
· 면	綿(めん)	멘
· 모피	毛皮(けがわ)	케가와
· 벨벳	ベルベット	베루벳또
· 소가죽	牛皮(ぎゅうひ)	규-히
· 실크	シルク	시루쿠
· 양피	羊毛(ようもう)	요-모-
· 캐시미어	カシミア	카시미아
· 합성섬유	合成繊維(ごうせいせんい)	고-세-셍이
· 화학섬유	化学繊維(かがくせんい)	카가꾸셍이
· 폴리에스테르	ポリエステル	포리에스테루
· 나일론	ナイロン	나이론
· 천연소재	天然素材(てんねんそざい)	텐넨소자이

⑩ 슈퍼마켓

이걸로 세 개 주세요.
これでみっつください。
고레데 밋쯔 구다사이

유용한 표현

- 이 망고는 언제까지 유효합니까?
  このマンゴはいつまでもちますか？
  고노 망고와 이쯔마데 모찌마스까

- 100그램을 사겠습니다.
  100グラムをおねがいします。
  햐꾸구라무오 오네가이시마스

- 낱개로 팝니까?
  ばらで売ってますか？
  바라데 웃떼마스까

- 한 개에 얼마입니까?
  いっこいくらですか？
  잇꼬 이꾸라데스까

- 이것을 백그램 주세요.
  これで100グラムください。
  고레데 햐꾸구라무 구다사이

- 전부 얼마입니까?

全部でいくらですか?

젬부데 이꾸라데스까

어휘

쇼핑 목록	ショッピングリスト	숍핑구리스토
가정용품	家庭用品(かていようひん)	카테-요-힝
건강식품	健康食品(けんこうしょくひん)	켕꼬-쇼꾸힝
다이어트식품	ダイエット食品(しょくひん)	아이엣또쇼꾸힝
냉동식품	冷凍食品(れいとうしょくひん)	레-토-쇼꾸힝
농산물	農産物(のうさんぶつ)	노-삼부쯔
문구류	文具類(ぶんぐるい)	붕구루이
부엌용품	キッチン用品(ようひん)	킷칭요-힝
빵	パン	팡
쌀	お米(こめ)	오코메
생선	魚(さかな)	사까나
해산물	海産物(かいさんぶつ)	카이산부쯔
유제품	乳製品(にゅうせいひん)	뉴-세-힝
육류	肉類(にくるい)	니꾸루이
의류	衣類(いるい)	이루이
주류	酒類(しゅるい)	슈루이
과일	果物(くだもの)	구다모노
음료수	飲み物(のみもの)	노미모노
통조림	かんづめ	칸즈메
간장	醤油(しょうゆ)	쇼-유
소금	塩(しお)	시오
설탕	砂糖(さとう)	사토-
과자	お菓子(かし)	오까시

요리재료

• 아스파라거스	アスパラガス	아스파라가스
• 죽순	竹(たけ)の子(こ)	타께노코
• 양상추	レタス	레타스
• 당근	にんじん	닌징
• 샐러리	セロリ	세로리

• 코코넛	ココナツ	코코나츠
• 오이	キュウリ	큐-리
• 완두	豌豆(えんどう)	엔도-
• 부추	にら	니라
• 연근	蓮根(れんこん)	렝꽁

• 버섯	きのこ	키노꼬
• 표고버섯	しいたけ	시이타께
• 양파	たまねぎ	타마네기
• 감자	じゃがいも	쟈가이모
• 무	大根(だいこん)	다이꽁

• 토마토	トマト	토마토
• 냉이	なずな	나즈나
• 간장	醤油(しょうゆ)	쇼-유
• 아보카도	アボカド	아보카도
• 파	ねぎ	네기

• 콩	豆(まめ)	마메
• 양배추	キャベツ	캬베츠
• 배추	白菜(はくさい)	학사이
• 밤	栗(くり)	쿠리
• 옥수수	とうもろこし	토-모로꼬시
• 가지	なす	나스
• 후추	こしょう	코쇼-
• 마카로니	マカロニ	마카로니
• 올리브	オリーブ	오리-부
• 파슬리	パセリ	파세리
• 피멘트	ピメント	피멘토
• 호박	かぼちゃ	카보쨔
• 땅콩	ピーナッツ	피-낫츠
• 쌀	お米(こめ)	오코메
• 시금치	ほうれんそう	호-렌소-
• 미역	わかめ	와까메
• 다시마	こんぶ	콘부
• 멸치	じゃこ	쟈꼬
• 고구마	さつまいも	사쯔마이모

쇼핑

⑪ 계산하기

> 싸게 해 주시겠습니까?
> **安くできませんか?**
> 야스꾸 데끼마셍까

유용한 표현

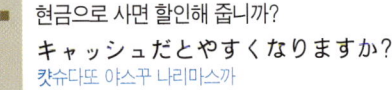

- 현금으로 사면 할인해 줍니까?
  キャッシュだとやすくなりますか?
  캇슈다또 야스꾸 나리마스까

- 좀 비싸군요.
  ちょっと/たかいですね。
  춋또 타까이데스네

- 더 싼 것은 없습니까?
  もっとやすいのはありませんか?
  못또 야스이노와 아리마셍까

- 디스카운트해 주시면 사겠어요.
  やすくしてくれれば買います。
  야스꾸시떼 구레레바 카이마스

- 좀 더 싸게 해 주세요.
  もうすこし/やすくしてもらえますか。
  모- 스꼬시 야스꾸시떼 모라에마스까

지불

- 얼마입니까?
  ### いくらですか？
  이꾸라데스까

- 계산대는 어디 있나요?
  ### 会計はどちらですか？
  카이케-와 도찌라데스까

- 카드를 받나요?
  ### カードを使えますか？
  카-도오 쯔까에마스까

- 이 카드로 살 수 있나요?
  ### このカードで支払えますか？
  고노 카-도데 시하라에마스까

- 세금 포함입니까?
  ### 税込ですか？
  제-코미데스까

- 어디에 싸인합니까?
  ### サインはどこにしますか？
  사잉와 도꼬니 시마스까

- 영수증을 주세요.
  ### 領収書をください。
  료-슈-쇼오 구다사이

쇼핑

⑫ 포장

포장을 해주시겠어요?
包装してもらえますか?
호-소-시떼 모라에마스까

유용한 표현

- 하나씩 싸 주세요.
  ひとつずつ包んでください。
  히토쯔즈쯔 쯔즌데 구다사이

- 따로따로 싸 주세요.
  べつべつにつつんでください。
  베쯔베쯔니 쯔즌데 구다사이

- 종이백 하나 얻을 수 있을까요?
  紙袋いちまいもらえますか?
  카미부꾸로 이찌마이 모라에마스까

- 함께 포장해 주세요.
  いっしょにつつんでください。
  잇쇼니 쯔즌데 구다사이

- 박스에 넣어주세요.
  ボックスに入れてください。
  복쿠스니 이레떼 구다사이

- 포장하지 않아도 됩니다.
  包装しなくてもいいです。
  호-소-시나꾸떼모 이이데스

- 그대로 주세요.
  そのままでいいです。
  소노마마데 이이데스

- 비닐봉지에 넣어주세요.
  ビニールぶくろに入れてください。
  비니-루부꾸로니 이레떼 구다사이

- 리본을 달아 주시겠어요?
  リボンをつけてくださいませんか？
  리봉오 쯔께떼 구다사이마셍까

- 큰 봉투 있습니까?
  大きい袋ありますか？
  오오끼이 후쿠로 아리마스까

⑬ 배달

> 항공우편으로 부탁합니다.
> **航空便でおねがいします。**
> 코-꾸-빙데 오네가이시마스

🖐 유용한 표현

- 배달해 줍니까?
    送ってくれるんですか？
    오꿋떼 구레룬데스까

▲ 일본에서 안가는 곳이 없다는 택배회사 차

- 주소를 알려주세요.
    住所をおしえてください。
    쥬-쇼오 오시에떼 구다사이

- 항공우편으로 한국에 도착하려면 얼마나 걸립니까?
    航空便だと、韓国までどれぐらいかかりますか？
    코-꾸-빙다또 캉코꾸마데 도레구라이 가까리마스까

- 언제까지 도착됩니까?
    いつまで届きますか？
    이쯔마데 토도끼마스까

- 오늘 받고 싶습니다.
    今日中にとどけてもらいたいんです。
    쿄-쥬-니 토도께떼 모라이타잉데스

- 이 주소로 부탁합니다.
  この住所でおねがいします。
  고노 쥬-쇼데 오네가이시마스

- 이것을 이 호텔로 부탁드립니다.
  これをこのホテルまでおねがいします。
  고레오 고노 호테루마데 오네가이시마스

- 이것을 한국에 보낼 수 있습니까?
  これを韓国まで送ってもらえますか?
  고레오 캉코꾸마데 오꿋떼 모라에마스까

- 우송료는 얼마입니까?
  送料はいくらですか?
  소-료-와 이꾸라데스까

- 항공우편은 얼마입니까?
  航空郵便はいくらですか?
  코-꾸-유-빙와 이꾸라데스까

- 며칠 정도 걸립니까?
  何日くらいかかりますか?
  난니찌구라이 가까리마스까

- 깨지기 쉽습니다.
  こわれやすいです。
  코와레야스이데스

⑭ 반품 및 환불

반품하고 싶어요.
返品したいんです。
헴핑시타잉데스

 유용한 표현

- 대금은 이미 지불했습니다.
  支払いはもうすみました。
  시하라이아 모- 스미마시따

- 이것이 영수증입니다.
  これがレシートです。
  고레가 레시-토데스

- 다른 걸로 교환할 수 있습니까?
  ほかのと取り替えることはできますか？
  호까노또 토리까에루 코또와 데끼마스까

- 환불해 줍니까?
  現金にかえることはできますか？
  겡낑니 카에루 코또와 데끼마스까

- 사이즈가 맞지 않아요.
  サイズがあいません。
  사이즈가 아이마셍

- 이것은 제가 산 것과 다른데요.
  これは私が買ったものとちがいます。
  고레와 와타시가 캇타 모노또 찌가이마스

- 전혀 사용하지 않았습니다.
  まったく使っていませんでした。
  맛타꾸 쯔깟떼 이마셍데시따

- 어제 샀는데요.
  昨日買いました。
  키노- 카이마시따

- 금이 갔어요.
  ヒビが入っています。
  히비가 하잇떼이마스

- 단추가 떨어졌어요.
  ボタンがとれています。
  보땅가 토레떼이마스

- 전혀 작동하지 않아요.
  ぜんぜん動きません。
  젠젠 우고끼마셍

- 부서졌어요.
  こわれています。
  코와레떼이마스

명소·볼거리

○ 그 밖의 볼거리

■ 도쿄 디즈니월드 (Tokyo Disney Land)

어린이부터 어른까지 즐길 수 있는 파크
영업시간 10:00~21:00(계절·요일에 따라 변동) / 휴일 부정기적
- 문의처 045-683-3777 (일본어)
- 소재지 - 지바 현 우라야스 시 마이하마 1-1
- 교통 - JR도쿄 역에서 마이하마 역까지 약 16분. 마이하마 역에서 걸어서 금방
- URL http://www.tokyodisneyresort.co.jp/

■ 하우스 텐보스 (Huis Ten Bosch)

17세기의 네델란드 거리 전경을 재현한 체재형 리조트. 하루에 다 돌아볼 수 없을 정도로 넓은 부지 안에는 운하가 있으며, 풍차탑과 궁전 등이 정교하게 만들어져 네델란드의 거리 풍경을 재현하고 있다.
- 영업시간 9:00~19:00(계절 요일에 따라 변동) / 휴일 무휴
- 문의처 0956-27-0001 (일본어)
- 소재지 나가사키 현 사요호 시 하우스텐보스초 1-1
- 교통 - 나가사키공항에서 버스로 하우스텐보스까지 약 50분
- URL http://www.huistenbosch.co.jp/ (일본어·영어·중국어)

■ 유니버설 스타지움 재팬 (Universal Studios Japan)

「터미네이터」, 「쥬라기 공원」 등의 세계가 재현된 어트력션은 박력 만점. 또한, 일본판의 어트력션으로서, 우즈·뱃카 주연의 애니매 세레브레이션 등도 있다.
- 영업시간 9:00~20:00(월일·계절·요일에 따른 변동) / 휴일 부정기적
- 문의처 06-4790-7000 (일본어)
- 소재지 - 오사카 시 고노하나구 세이부린카이지쿠
- 교통 - JR선으로 니시쿠조 역에서 유니버셜시티 역까지 약 5분
- URL http://www.usj.co.jp/ (일본어·영어·중국어·한국어) 사진

통신 · 우편

1. 우편
2. 공중전화
3. 국제전화
4. 인터넷

❶ 우편

한국에 항공편(선편)으로 보내주십시오.
韓国に航空便(船便)でおくってください。
캉코꾸니 코-꾸-빙(후나빙)데 오꿋떼 구다사이

🖐 유용한 표현

- 이 편지를 등기로 보내려고 합니다.
  この手紙を書留で送りたいんですが。
  고노 테가미오 카키토메데 오꾸리타잉데스가

- 우체국(우체통)은 어디에 있습니까?
  郵便局(郵便箱)はどちらにありますか?
  유-빙쿄꾸(유-빔바꼬)와 도찌라니 아리마스까

- 우체국은 몇 시에 엽니까?
  郵便局は何時から始まりますか?
  유-빙쿄꾸와 난지까라 하지마리마스까

- 중앙 우체국은 어디입니까?
  中央郵便局はどちらにありますか?
  츄-오-유-빙쿄꾸와 도찌라니 아리마스까

- 우표를 팝니까?
  切手をおいてますか?
  킷떼오 오이떼마스까

- 항공 우편 요금은 얼마입니까?

  航空郵便代はいくらですか？

  코-꾸유-빈다이와 이꾸라데스까

- 속달(등기)로 부쳐주십시오.

  速達(書留)でおねがいします。

  소쿠타쯔(카키토메)데 오네가이시마스

- 안에 뭐가 들어있나요?

  中身は何ですか？

  나까미와 난데스까

- 소포용 상자 있나요?

  小包用の箱はありますか？

  고즈쯔미요-노 하꼬와 아리마스까

- 우편엽서도 파나요?

  はがきもありますか？

  하가끼모 아리마스까

- 이것은 깨지기 쉬워요.

  これは、こわれやすいです。

  고레와 코와레야스이데스

- 우편요금은 얼마입니까?

  郵便代はいくらですか？

  유-빈다이와 이꾸라데스까

실용회화
Dialogue

A	내용물은 뭡니까? 中身は何ですか? 나까미와 난데스까
B	옷입니다. 洋服です。 요-후꾸데스

A	항공편입니까, 선편입니까? 航空便ですか? 船便ですか? 코-꾸-빈데스까 후나빈데스까
B	항공편으로 부탁합니다. 航空便でおねがいします。 코-꾸-빈데 오네가이시마스

어휘

· 우체국	郵便局(ゆうびんきょく)	유-빙쿄꾸
· 그림엽서	絵(え)はがき	에하가끼
· 등기우편	書留(かきとめ)	카키토메
· 발신인	差出し人(さしだしにん)	사시다시닝
· 봉투	封筒(ふうとう)	후-토
· 선편	船便(ふなびん)	후나빙
· 소포	小包(こづつみ)	고쯔쯔미
· 속달	速達(そくたつ)	소쿠타쯔
· 특급	特急(とっきゅう)	톳큐-
· 수신인	受取人(うけとりにん)	우께토리닝
· 우체국	郵便局(ゆうびんきょく)	유-빙쿄꾸
· 우체통	郵便箱(ゆうびんばこ)	유-빔바꼬
· 우편엽서	はがき	하가끼
· 우표	切手(きって)	킷떼
· 주소	住所(じゅうしょ)	쥬-쇼
· 취급주의	取扱注意(とりあつかいちゅうい)	토리아쯔까이츄-이
· 편지지	便箋(びんせん)	빈셍
· 항공우편	航空郵便(こうくうゆうびん)	코-꾸-유-빙
· 항공편	航空便(こうくうびん)	코-꾸빙
· 선편	船便(ふなびん)	후나빙
· 국제우편	国際郵便(こくさいゆうびん)	콕사이유-빙
· 국내우편	国内郵便(こくないゆうびん)	고꾸나이유-빙

통신 · 우편

❷ 공중전화

전화 사용법을 알려주십시오.
電話のかけかたを教えてもらえますか。
뎅와노 카케카따오 오시에떼 모라에마스까

유용한 표현

- 공중전화기가 어디 있나요?
  公衆電話はどこにありますか?
  코-슈-뎅와 도꼬니 아리마스까

- 전화카드는 어디서 팝니까?
  電話カードはどこで売ってますか?
  뎅와카-도와 도꼬데 웃떼마스까

- 공중전화 한 통화에 얼마입니까?
  公衆電話の基本通話料金はいくらですか?
  코-슈-뎅와노 키혼쯔-와료-와 이꾸라데스까

- 305호실 부탁합니다.
  305号室おねがいします。
  삼마루고고-시쯔 오네가이시마스

- 메시지를 남겨 주세요.
  メッセージをのこしてください。
  멧세-지오 노꼬시떼 구다사이

- 죄송합니다. 잘못 걸었군요.

  すみません。番号をまちがえました。

  스미마셍 방고-오 마찌가에마시따

- 다시 전화하겠습니다.

  また、かけなおします。

  마따 카케나오시마스

- 동전이 없습니다.

  コインがありません。

  코잉가 아리마셍

통신・우편

③ 국제전화

한국에 국제전화를 부탁드립니다.
韓国への国際電話をおねがいします。
캉코꾸에노 콕사이뎅와오 오네가이시마스

유용한 표현

- 국제전화는 어떻게 겁니까?
  国際電話はどのようにかけますか？
  콕사이뎅와와 도노요-니 카께마스까

- 콜렉트 콜로 부탁합니다.
  コレクトコールでおねがいします。
  코레쿠토코-루데 오네가이시마스

- 거시는 국가는 어디입니까?
  おかけになる国は、どちらですか？
  오카께니나루 쿠니와 도찌라데스까

- 전화번호는 02-724-2050입니다.
  電話番号は02-724-2050です。
  뎅와방고와 제로니 나나니용 니제로고제로데스

- 이 전화로 국제전화를 걸 수 있습니까?
  この電話で国際電話をかけられますか？
  고노 뎅와데 콕사이뎅와오 카께라레마스까

- 한국에 전화하려면 어떻게 합니까?
 韓国に電話するためには、どのようにすればいいですか？ 캉코꾸니 뎅와스루타메니와 도노요-니스레바 이이데스까

- 전화가 중간에 끊겼습니다.
 電話が途中できれてしまいました。 뎅와가 토츄-데 키레떼 시마이마시따

- 끊지 말고 기다리세요.
 そのままお待ちください。 소노마마 오마찌구다사이

- 나왔습니다. 말씀하세요.
 つながりました。どうぞ。 쯔나가리마시따 도-조

- 아무도 받지 않습니다.
 だれもでません。 다레모 데마셍

- 번호는 몇 번입니까?
 番号は何番ですか？ 방고-와 난반데스까

- 통화중입니다.
 話し中です。 하나시츄-데스

- 국제 전화요금은 얼마입니까?
  国際電話の料金はいくらですか?
  콕사이뎅와노 료-낑와 이꾸라데스까

- 한국어를 할 수 있는 오퍼레이터는 없나요?
  韓国語のできるオペレーターはいませんか?
  캉코꾸고노 데끼루 오페레-타-와 이마셍까

깜짝센스

외국에서 국제전화를 거는 방법은 4가지. 요금이 적은 순서대로 적어 보면 국제 다이얼 통화(교환을 통하지 않는 직통전화), 번호 통화(스테이션 콜), 지명통화(퍼슨 투 퍼슨), 콜렉트 콜(수신자 부담 통화). 상대 국가의 시차를 고려해서 전화할 것.

어휘

• 전화	電話(でんわ)	뎅와
• 공중전화	公衆電話(こうしゅうでんわ)	코-슈-뎅와
• 전화박스	電話(でんわ)ボックス	뎅와복쿠스
• 수화기	受話器(じゅわき)	쥬와끼
• 전화번호	電話番号(でんわばんごう)	뎅와방고-
• 다이얼	ダイヤル	다이야루
• 구내전화선	内線(ないせん)	나이센
• 번호안내	番号案内(ばんごうあんない)	방고-안나이
• 긴급전화	緊急電話(きんきゅうでんわ)	킹큐-뎅와
• 시내전화	市内電話(しないでんわ)	시나이뎅와
• 장거리 전화	長距離電話(ちょうきょりでんわ)	쵸-쿄리뎅와
• 국제전화	国際電話(こくさいでんわ)	콕사이뎅와
• 교환원	オペレーター	오페레-타-
• 국가번호	国番号(くにばんごう)	쿠니방고-
• 지역번호	地域番号(ちいきばんごう)	치이끼방고-
• 국번	局番(きょくばん)	쿄꾸방
• 콜렉트콜	コレクトコール	코레쿠토코-루

❹ 인터넷

이메일을 확인하려고 합니다.
Eメールをチェックしたいんです。
이-메-루오 쳇쿠시타잉데스

🖐 유용한 표현

- 호텔에서 이메일을 확인할 수 있나요?
  ホテルでEメールをチェックすることができますか？
  호테루데 이-메-루오 쳇쿠스루 코또가 데끼마스까

- 인터넷을 사용할 수 있는 곳이 있나요?
  インターネットのできるところはありませんか？
  인타-넷또노 데끼루 도꼬로와 아리마셍까?

- 자료 검색을 하려구요.
  資料検索をしようと思ってますが。
  시료-켕사꾸오 시요-또 오못떼마스가

- 인터넷이나 팩스를 이용할 수 있을까요?
  インターネットとかFAXの利用はできますか？
  인타-넷또까가 확쿠스노 리요-와 데끼마스까

- 한국에 팩스를 보내고 싶습니다.
  韓国にFAXを送りたいんですが。
  캉코꾸니 확쿠스오 오꾸리타잉데스가

문제 발생

1. 긴급 상황
2. 도난
3. 분실
4. 신용카드·여권 재발행
5. 병원
6. 약국
7. 교통 사고
8. 길을 잃었을 때

일본의 헌혈차

❶ 긴급 상황

아주 급합니다.
救急事態です。
큐-큐-지따데스

 도움 요청

- 앰뷸런스를 불러 주세요.
  救急車をよんでください。
  큐-큐-샤오 욘데구다사이

- 의사(경찰)을 불러주세요.
  医者(警察)をよんでください。
  이샤(케-사쯔)오 욘데구다사이

- 도와주세요.
  たすけてください。
  다스케떼 구다사이

- 친구가 없어졌어요.
  ともだちがいなくなりました。
  토모다찌가 이나꾸나리마시따

- 배가 너무 아파요.
  お腹がすきました。
  오나까가 스키마시따

- 기분이 좋지 않아요.
  ぐあいがわるいです。
  구아이가 와루이데스

- 가장 가까운 병원이 어디죠?
  もよりの病院はどちらですか?
  모요리노 뵤-잉와 도찌라데스까

- 병원으로 데려가 주시겠어요?
  病院につれていってもらえますか?
  뵤-잉니 쯔레떼 잇떼 모라에마스까

- 부상을 입었습니다.
  けがをしました。
  케가오 시마시따

- 제가 병원으로 데려다 줄게요.
  病院までおつれいします。
  뵤-잉마데 오쯔레-시마스

 어휘

· 병원	病院	뵤-잉
· 의사	医者	이샤
· 경찰	警察	케-샤쯔
· 앰블런스	救急車	큐-큐-샤
· 약국	薬局	약쿄꾸

문제 발생

❷ 도난

여권을 도난당했습니다.
パスポートをとられました。
파스포-또오 토라레마시따

🔊 유용한 표현

- 도와주세요! 저 남자를 붙잡아요!
  たすけて! あの男をとめて!
  타스케떼 아노 오토코오 토메떼

- 경찰을 불러 주세요!
  警察をよんでください。
  케-사쯔오 욘데구다사이

- 한국대사관에 연락해 주시겠어요?
  韓国大使館に連絡してもらえますか?
  캉코꾸타이시깡니 렝라꾸시떼 모라에마스까

- 도둑이야!
  どろぼう!
  도로보-

- 지갑(가방)을 소매치기 당했습니다.
  さいふ(カバン)をすられました。
  사이후(카방)오 스라레마시따

- 어제 지하철에서 지갑을 소매치기 당했어요.
  昨日、地下鉄のなかで財布をすられました。
  키노- 치카테쯔노 나까데 사이후오 스라레마시따

- 소매치기 당했습니다.
  スリにやられました。
  스리니 야라레마시따

- 저 남자가 제 가방을 훔쳐갔어요!
  あの男にバックをとられた！
  아노 오토코니 박쿠오 토라레따

- 바로 저 사람이에요.
  あの男です。
  아노 오토코데스

- 한국어를 할 수 있는 분은 계십니까?
  韓国語のできる方はいませんか？
  캉코꾸고노 데끼루 카따와 이마셍까

깜짝센스

돈이나 여권 등 귀중품이나 소지품을 도난·분실한 경우에는 반드시 경찰에 신고서를 제출할 것. 하물이 보험에 들어 있다면 경찰의 증명서가 필요하다. 가진 돈을 모두 잃어버려서 어찌할 방도가 없는 경우에는 한국대사관에 가서 상의한다. 가족과 연락해서 송금을 받을 수 있도록 하는 등 어떻게든 구조해 준다.

❸ 분실

> 분실계는 어디입니까?
> **忘れ物預かり所はどちらですか?**
> 와스레모노아즈까리쇼와 도찌라데스까

유용한 표현

- 여권(여행자 수표)을 분실했습니다.
  パスポート(トラベルチェック)をなくしました。
  파스포-또(토라베루첵구)오 나꾸시마시따

- 어디에서 찾을 수 있습니까?
  どこでうけとれますか?
  도꼬데 우께토레마스까

- 제 가방을 찾으면 연락 바랍니다.
  カバンがみつかったら、ご連絡ください。
  카방가 미쯔깟따라 고렝라꾸 구다사이

- 어디에서 잃어버리셨죠?
  どこでなくしましたか?
  도꼬데 나꾸시마시타까

- 지금 막 알게 되었습니다.
  いま、気づいたばかりです。
  이마 키즈이따바까리데스

- 찾으면 연락드리겠습니다.

  みつかったら、ごれんらくいたします。

  미쯔깟따라 고렌라꾸 이타시마스

- 연락처는 어디입니까?

  連絡先はどちらですか?

  렝라꾸사끼와 도찌라데스까

- 짐이 보이지 않습니다.

  荷物がみあたりません。

  니모쯔가 미아타리마셍

- 카드를 지불 정지시켜 주세요.

  カードのとりけしをしたいのですが。

  카-도노 토리케시오 시타잉데스가

 어휘

· 소매치기	**スリ**	스리
· 도둑	**泥棒(どろぼう)**	도로보-
· 날치기	**掻(か)っ払(ばら)い**	캅빠라이
· 분실	**紛失(ふんしつ)**	훈시쯔
· 파출소	**交番(こうばん)**	코-방

❹ 신용카드 · 여권 재발행

여권을 재발급해 주십시오.
パスポートの再発給をおねがいします。
파스포-또노 사이핫큐-오 오네가이시마스

🗨 유용한 표현

- 여권을 재발급하러 왔습니다.
  パスポートの再発給のためにきました。
  파스포-또노 사이핫큐-노 타메니 키마시따

- 재발급할 수 있습니까?
  再発給はできますか?
  사이핫큐-와 데끼마스까

- 언제까지 재발급해 받을 수 있습니까?
  再発給はいつごろまでできますか?
  사이핫큐-와 이쯔고로마데 데끼마스까

- 영수증 같은 걸 갖고 있나요?
  領収書なんかをおもちですか?
  료-슈-쇼낭까오 오모찌데스까

- 새 카드는 어디서 받습니까?
  あたらしいカードはどこでうけとるんですか?
  아타라시이 카-도와 도꼬데 우께토룬데스까

- 재발행하는 데 시간이 얼마나 걸립니까?
- **再発行まではどれぐらいかかりますか?**
- 사이학꼬-마데와 도레구라이 가까리마스까

재외 공관의 여권 재발급

공통 구비서류

여권발급신청서
여권용 사진 2매
여권 및 여권사본 1부(분실 재발급시 제외)

분실 재발급 추가 서류

분실사유서
분실신고확인서
공관 영사에게 신고시 : 담당 영사가 발행
현지 경찰서에 신고시 : 관할 경찰서 발행

훼손 재발급 추가 서류

훼손사유서

만재(사증란 부족) 재발급 추가서류

사유서

기타(성명, 생년월일, 주민등록번호) 재발급 추가서류

변경 또는 정정사유서
증빙서류(호적등본 등)

❺ 병원

어디가 아프십니까?
どうしましたか？
도- 시마시따까

진찰실

- 한국어를 할 수 있는 분은 안 계신가요?
  韓国語のできるスタッフはいますか？
  캉코꾸고노 데끼루 스탓후와 이마스까

- 어디가 아프십니까?
  どこがいたむんですか？
  도꼬가 이타문데스까

- 다쳤어요.
  けがをしました。
  케가오 시마시따

- 웃옷을 벗어주세요.
  上着をぬいでください。
  우와기오 누이데 구다사이

- 셔츠의 단추를 풀러주십시오.
  シャツのボタンをはずしてください。
  샤츠노 보땅오 하즈시떼구다사이

- 속이 너무 아픕니다.
  胃がひどくいたむんです。
  이가 히도꾸 이타문데스

- 이가 아픕니다.
  歯がいたいんです。
  하가 이타잉데스

- 맥박을 재보겠습니다.
  脈をはかってみます。
  먀꾸오 하깟떼미마스

- 체온을 재보겠습니다.
  体温をはかってみます。
  타이옹오 하깟떼미마스

- 상태가 어떻습니까?
  どうですか?
  도-데스까

- 여기가 아파요.
  ここがいたいです。
  고꼬가 이타이데스

- 몸이 좋지 않습니다.
  ぐあいがわるいです。
  구아이가 와루이데스

문제 발생

의사에게 문의

- 여행을 계속해도 되나요?
  ### 旅行を続けてもいいですか?
  료꼬-오 쯔즈께떼모 이이데스까

- 걸어도(목욕해도) 되나요?
  ### 歩いても（お風呂に入っても）いいですか?
  아루이떼모(오후로니하잇떼모) 이이데스까

- 어디가 나쁜가요?
  ### どうですか?
  도-데스까

- 이 보험증을 사용할 수 있습니까?
  ### この保険証はつかえますか?
  고노 호껜쇼-와 쯔카에마스까

- 진단서를 끊어주시겠어요?
  ### 診断書をもらえますか?
  신단쇼오 모라에마스까

- 언제 회복될까요?
  ### いつごろ回復になりそうですか?
  이쯔고로 카이후꾸니 나리소-데스까

- 입원해야 하나요?
  ### 入院しなければいけませんか?
  뉴-잉시나께레바 이케마셍까

의사의 처방

- 처방전을 드리겠습니다.
  処方箋です。
  쇼호-센데스

- 주사를 놓겠습니다.
  注射をします。
  츄-샤오 시마스

- 이틀간 입원해야 합니다.
  ふつかかん入院しなければなりません。
  후쯔까깡 뉴-잉시나께레바 나리마셍

- 담배와 술을 금하십시오.
  タバコやお酒などはおやめください。
  타바코야 오사께나도와 오야메구다사이

- 처방전을 가지고 약국에 가십시오.
  処方箋をもって薬局にいってください。
  쇼호-셍오 못떼 약쿄꾸니 잇떼구다사이

실용회화
Dialogue

의 사	어디가 아프십니까? どうしましたか。 도- 시마시타까
환 자	여기가 아픕니다. ここがいたむんです。 고꼬가 이타문데스

의 사	그밖에는요? ほかはないんですか。 호까니와 나잉데스까
환 자	토할 것 같아요. はきけがします。 하끼케가 시마스

의 사	혈액형은 무엇입니까? 血液型はなんですか。 케쯔에끼가따와 난데스까
환 자	AB형입니다. AB型です。 에-비가따데스

병의 증상

- 머리가 아파요. 　　　頭痛(ずつう)がします。　즈쯔-가 시마스
- 설사를 했습니다. 　　下痢(げり)をしました。　게리오 시마시따
- 토할 것 같아요. 　　　吐気(はきけ)がします。　하키케가 시마스
- 현기증이 납니다. 　　目眩(めまい)がします。　메마이가 시마스
- 열이 있어요. 　　　　熱(ねつ)があります。　네쯔가 아리마스

- 기침이 납니다. 　　　せきがでます。　세끼가 데마스
- 콧물이 납니다. 　　　鼻水(はなみず)がでます。
　　　　　　　　　　　하나미즈가 데마스
- 목이 심하게 아픕니다. 喉(のど)がすごくいたむんです。
　　　　　　　　　　　노도가 스고꾸 이타문데스
- 식욕이 없어요. 　　　食欲(しょくよく)がありません。
　　　　　　　　　　　쇼꾸요꾸가 아리마셍

- 소화가 잘 되질 않습니다. 消化(しょうか)がよくないです。
　　　　　　　　　　　쇼-까가 요꾸나이데스
- 감기 걸렸어요. 　　　風邪(かぜ)にひいたようです。
　　　　　　　　　　　카제니 히이따요-데스
- 저는 알레르기가 있어요. アレルギがあります。
　　　　　　　　　　　아레루기가 아리마스

- 몸 전체가 빨갛게 됐어요. 体(からだ)ぜんたいがまっかになりました。
　　　　　　　　　　　카라다 젠따이가 맛까니 나리마시따
- 발목이 삐었습니다. 　足(あし)をくじきました。
　　　　　　　　　　　아시오 쿠지끼마시따
- 뼈가 부러진 것 같아요. 骨(ほね)がおれたようです。
　　　　　　　　　　　호네가 오레따요-데스

문제 발생

❻ 약국

이 처방전대로 약을 조제해 주세요.
この処方箋の薬をおねがいします。
고노 쇼호-센노 쿠스리오 오네가이시마스

유용한 표현

- 처방전 없이도 약을 살 수 있나요?
  処方箋なしで薬をかえますか？
  쇼호-센나시데 쿠스리오 카에마스까

- 감기약(소화제) 좀 주세요.
  風邪薬(消化剤)をください。
  카제구스리(쇼-까자이)오 구다사이

- 식전에 먹습니까? 아니면 식후에 먹습니까?
  食事のまえにのみますか？ それとも、食事のあとにのみますか？
  쇼꾸지노 마에니 노미마스까 소레토모 쇼꾸지노 아또니 노미마스까

- 매 식후 1알씩 드세요.
  毎食後、いちじょうずつのんでください。
  마이쇼꾸고 이찌죠-즈쯔 논데구다사이

- 부작용은 없습니까?
  副作用はありませんか？
  후꾸사요와 아리마셍까

의사한테 가십시오.
医者にみてもらったほうがいいです。
이샤니 미떼모랏따 호-가 이이데스

약국 관련어

· 약국	薬屋（くすりや）	쿠스리야
· 처방전	処方箋（しょほうせん）	쇼호-셍
· 아스피린	アスピリン	아스피링
· 감기약	風邪薬（かぜぐすり）	카제구스리
· 반창고	絆創膏（ばんそうこう）	반소-꼬-
· 붕대	包帯（ほうたい）	호-따이

실용회화
Dialogue

여행자	이 처방전대로 약을 조제해 주세요. この処方箋の薬をおねがいします。 고노 쇼호-센노 쿠스리오 오네가이시마스
약 사	예, 약 여기 있습니다. はい、どうぞ。 하이 도-조
여행자	어떻게 복용합니까? どのように飲めばいいですか? 도노요-니 노메바 이이데스까
약 사	아침, 점심, 저녁 세 번 3알씩 복용하십시오. 朝、昼、晩みっつずつのんでください。 아사 히루 방 밋쯔즈쯔 논데구다사이
여행자	소화제 있습니까? 消化剤(しょうかざい)ありますか? 쇼-까자이 아리마스까
약 사	네, 여기 있습니다. はい、どうぞ。 하이 도-조

신체의 부분 *身體*

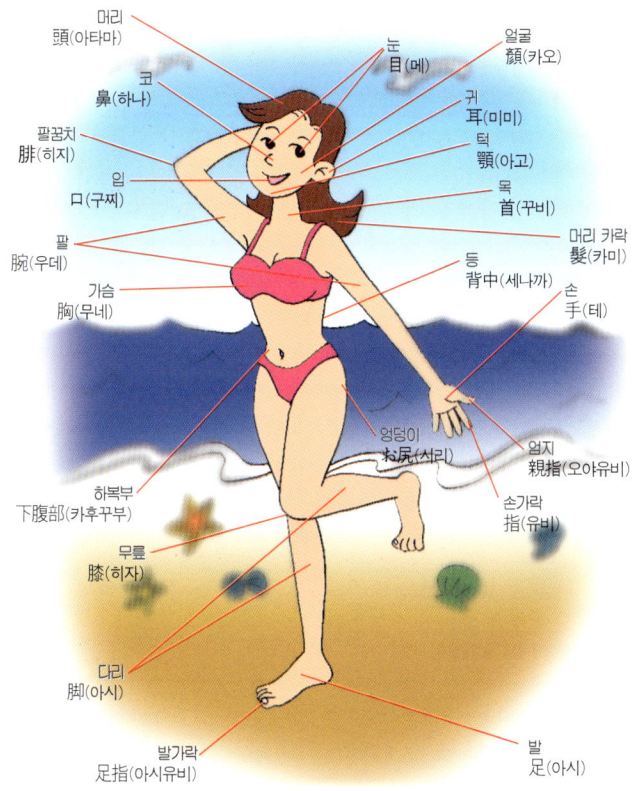

❶ 교통 사고

교통사고가 났어요.
交通事故が起ったんです。
코-쯔-지꼬가 오꼿딴데스

사고 발생

- 교통사고를 당했습니다.
  交通事故にあいました。
  코-쯔-지꼬니 아이마시따

- 제 친구가 차에 치었어요.
  わたしのともだちが車にひかられました。
  와타시노 토모다찌가 구루마니 히까레마시따

- 자동차에 치었습니다.
  車にひかられました。
  구루마니 히카라레마시따

- 구급차를 불러 주세요.
  救急車をよんでください。
  큐-큐-샤오 욘데구다사이

- 부상을 입었습니다.
  けがをしました。
  케가오 시마시따

- 경찰을 불러 주세요.
  警察をよんでください。
  케-사쯔오 욘데구다사이

사고 증명

- 사고 증명서를 주십시오.
  事故証明書をください。
  지꼬쇼-메-쇼오 구다사이

- 어디로 연락하면 되나요?
  どちらに連絡すればいいですか?
  도찌라니 렝라꾸스레바 이이데스까

- 보험회사에 연락해 주세요.
  保険会社に連絡してください
  호껭가이샤니 렝라꾸시떼 구다사이

- 제 잘못이 아닙니다.
  わたしのミスではありません。
  와타시노 미스데와 아리마셍

- 저는 교통신호를 지켰습니다.
  私は、信号をまもりました。
  와타시와 싱고-오 마모리마시따

- 녹색신호등에서 길을 건넜습니다.
  青のときわたりました。
  아오노 도끼 와타리마시따

- 교통신호를 무시했습니다.
  信号をむししました。
  싱고-오 무시시마시따

- 운전면허증과 등록증을 보여주십시오.
  運転免許と登録証をみせてください。
  운뗑멩쿄또 도-로꾸쇼-오 미세떼 구다사이

- 국제 운전면허증과 여권입니다.
  国際免許とパスポートです。
  콕사이멩쿄또 파스포-또데스

- 이제 가도 됩니까?
  もうかえってもいいですか?
  모- 카엣떼모 이이데스까

- 다친 사람은 없습니까?
  けがをした人はいませんか?
  케가오 시따 히또와 이마셍까

- 다리(팔)가 부러졌어요.
  足(腕)がおれました。
  아시〈우데〉가 오레마시따

실용회화
Dialogue

경찰서	어떻게 된 건가요? どうしたんですか? 도- 시딴데스까
사고자	뒷 차가 와서 부딪혔습니다. うしろの車に追突されました。 우시로노 구루마니 쯔이토쯔사레마시따

경찰서	부상자는 없나요? けがをした人はいませんか? 케가오 시따 히또와 이마셍까
사고자	제 남편이 머리를 부딪혔습니다. 夫がひたいをぶつかったんです。 옷토가 히따이오 부쯔깟딴데스

경찰서	구급차를 불러드릴까요? 救急車をよびましょうか? 큐-큐-샤오 요비마쇼-까
사고자	네, 불러주세요. はい、おねがいします。 하이 오네가이시마스

문제 발생

❽ 길을 잃었을 때

실례합니다만 길을 잃었습니다.
すみません。道にまよってしまったようです。
스미마셍 미찌니 마욧떼 시맛따요-데스

 유용한 표현

- 여기가 어디죠?
  ここはどこですか?
  고꼬와 도꼬데스까

- (지도상에서) 여기는 어디쯤이죠?
  ここはどのへんですか?
  고꼬와 도노 헨데스까

- 여기에 약도 좀 그려주시겠어요?
  ここに地図をかいてくださいませんか?
  고꼬니 치즈오 카이떼 구다사이마셍까

- 여기에 표시해 주시겠어요?
  ここに書いてもらえますか?
  고꼬니 카이떼 마라에마스까

- 어떻게 가야 합니까?
  どう行けばいいですか?
  도- 이께바 이이데스까

- 여기서 가까운가요?
  ### ここから近いですか?
  고꼬까라 찌까이데스까

- 이 길은 무슨 길입니까?
  ### この道はなんというみちですか?
  고노 미찌와 난또이우 미찌데스까

- 얼마나 걸립니까?
  ### どれぐらいかかりますか?
  도레구라이 가까리마스까

- 그곳에 가려면 얼마나 걸립니까?
  ### あそこまではどれぐらいかかりますか?
  아소꼬마데와 도레구라이 가까리마스까

- 여기서 몇 정거장입니까?
  ### ここからいくつめですか?
  고꼬까라 이꾸쯔메데스까

문제 발생

 어휘

지도	地図(ちず)	치즈
정류소	停留所(ていりゅうじょ)	테-류-죠
가깝다	近(ちか)い	찌까이
길	道(みち)	미찌

여행자	죄송한데요. 여기가 어딘가요? すみませんが、ここはどこですか? 스미마셍가 고꼬와 도꼬데스까
경 찰	어디 가려고 하십니까? どこを行こうとしていますか? 도꼬오 이꼬-또 시떼이마스까
여행자	힐튼호텔에 가려고 합니다. ヒルトンホテルに行こうとしています。 히루톤호테루니 이꼬-또 시떼이마스
경 찰	똑바로 가셔서 오른쪽으로 도세요. まっすぐ行(い)って右(みぎ)に曲(ま)がってください。 맛스구 잇데 미기니 마갓떼 구다사이
여행자	얼마나 걸려요? どれぐらいかかりますか? 도레구라이 가까리마스까
경 찰	그리 멀지는 않습니다. もうすぐです。 모-스구데스

귀국

1. 예약 재확인
2. 출국

❶ 예약 재확인

재확인을 부탁해요.
再確認をおねがいします。
사이카꾸닝오 오네가이시마스

유용한 표현

- 대기자 명단에 몇 명이 있습니까?
  キャンセルまちは何人いますか?
  캰세루마지와 난닝 이마스까

- 아침 비행에 좌석이 있습니까?
  朝の便はあいてますか?
  아사노 빙와 아이떼마스까

- 한국에서 예약했는데요.
  韓国から予約しましたが。
  캉코꾸카라 요야꾸시마시따가

- 재확인해야 합니까?
  再確認しなければなりませんか?
  사이카꾸닝 시나께레바 나리마셍까

- 몇 시까지 체크인 하면 됩니까?
  何時までチェックインすればいいですか?
  난지마데 첵쿠인스레바 이이데스까

- 언제 출발하십니까?
  いつ出発するんですか?
  이쯔 슙파쯔스룬데스까

- 예약번호를 말씀해 주세요.
  予約番号を教えてください。
  요야꾸방고-오 오시에떼 구다사이

- 성함과 연락처를 알려 주세요.
  お名前と連絡先を教えてください。
  오 나마에또 렝라꾸사끼오 오시에떼 구다사이

- 몇 편 비행기입니까?
  何便の飛行機ですか?
  난빙노 히꼬-끼데스까

- 먼저 성함을 부탁합니다.
  まず、お名前をおねがいします。
  마즈 오나마에오 오네가이 시마스

깜짝센스

항공권 재확인

항공권의 재확인 절차, 즉 해당일에 그 항공편을 이용하겠다는 의사를 늦어도 출발 3일 전까지 항공사에 알리는 것. 리컨펌이 늦어질 경우 예약 취소로 간주하여 대기자들로 자리를 채우기 때문에 자칫하면 비행기를 타지 못하는 불상사를 초래할 수 있으므로 요주의!

귀국

실용회화
Dialogue

항공사 직원	네, 노스웨스트입니다. はい、ノースウェストです。 하이 노-스웨스토데스
여 행 자	예약을 변경하고 싶은데요. 予約を変更したいんですが。 요야꾸오 헹꼬-시타잉데스가
항공사 직원	성함과 예약번호를 말씀해 주시겠어요. お名前と予約番号を教えてください。 오나마에오또 요야꾸방고-오 오시에떼 구다사이
여 행 자	김민수입니다. 예약번호는 30156입니다. 金民秀です。予約番号は30156です。 김민수데스 요야꾸방고-와 산제로이찌고로꾸데스

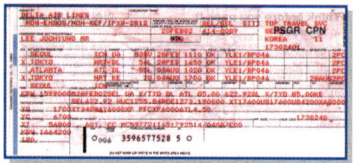

항공사 직원	5월 25일 나리타에서 인천이시군요? 5月25日成田から仁川ですね? 고가쯔 니쥬고니찌 나리타까라 인천데스네
여 행 자	그렇습니다. 그걸 5월 29일로 바꾸고 싶습니다. はい、そうです。それを5月29日にしたいです。 하이 소-데스 소레오 고가쯔 니쥬쿠니찌니 시타이데스

항공사 직원	네, 잠시만 기다려주세요. はい、しょうしょうお待ちください。 하이 쇼-쇼- 오마찌구다사이
항공사 직원	변경되었습니다. 変更になりました。 헹꼬니 나리마시따
여 행 자	감사합니다. ありがとうございます。 아리가또-고자이마스

귀국

❷ 출국

출국수속 카운터는 어디입니까?
出国カウンターはどちらですか?
슛코꾸카운타-와 도찌라데스까

유용한 표현

- 서울에 몇 시에 도착합니까?
  ソウルには何時につきますか?
  소우루니와 난지니 쯔끼마스까

- 출국카드가 필요합니까?
  出国カードがいりますか?
  슛코꾸카-도가 이리마스까

- 출국 신고서는 어디에서 받습니까?
  出国カードはどこでもらいますか?
  슛코꾸카-도와 도꼬데 모라이마스까

- 공항요금을 내야 합니까?
  空港使用料を払うんですか?
  쿠-꼬-시요-료-오 하라운데스까

- 최종 도착지를 체크해주세요.
  降機地をチェックしてください。
  코-키치오 첵쿠시떼 구다사이

- 수하물 초과요금은 얼마입니까?

    手荷物の加重料金はいくらですか？
    테니모쯔노 카쥬-료-낑와 이꾸라데스까

- 추가요금을 내야 합니다.

    加重料金をはらわなければいけません。
    카쥬-료-낑오 하라와나께레바 이께마셍

- 몇 번 게이트입니까?

    何番ゲートですか？
    난방게-토데스까

- 출구가 어디입니까?

    出口はどこですか？
    데구찌와 도꼬데스까

- 탑승 게이트는 어디입니까?

    搭乗口はどちらですか？
    토-죠-구찌와 도찌라데스까

- 탑승 시간은 몇 시입니까?

    搭乗時間は何時ですか？
    토-죠-지깡와 난지데스까

- 이것을 기내에 가지고 들어가도 됩니까?

    これを機内にもって入れますか？
    고레오 키나이니 못떼 하이레마스까

귀국

출국 수속

예약 재확인 (RECONFIRM)
출발 72시간 전까지 전화 또는 항공사의 사무소에 예약을 재확인해 둔다.

공항 (AIRPORT)

체크인 (CHECK-IN)
항공사의 카운터에서 여권(passport), 항공권(ticket)을 제시하고 하물(baggage)을 맡기고, 탑승권(boarding card)과 하물인환증(claim tag)을 받는다. 국가에 따라서는 공항세(airport tax)를 지불하는 경우도 있다. 무료수탁하물(free baggage)에는 기내 반입 수하물(carry-on), 탁송하물(checked baggage)이 있다. 하물의 중량이 제한량을 초과한 경우에는 초과 수하물(excess baggage)이 되어 초과요금(excess charge)을 지불해야 한다.

세관 (CUSTOMS)
현지통화의 반입액 이상의 반출은 금지되어 있다. 입국시의 소지금 신고와 출국시의 소지금을 검사하는 경우도 있으므로 주의할 것.

출국 수속
세금환부 수속, 출국심사, 수하물 검사를 마치고 탑승구(Boarding Gate)로 간다.

핵심단어장

Core Wordbook

핵심 단어장

▪ 가까운	近(ちか)い	찌까이
▪ 가득 채움	満タンにする	만딴니스루
▪ 가솔린	ガソリン	가소린
▪ 가자미	かれい	카레-
▪ 가정용품	家庭用品(かていようひん)	카테-요-힝
▪ 가져오다	持(も)ってくる	못떼꾸루
▪ 가지	茄子(なす)	나스
▪ 갈아타는 곳	乗(の)り換(か)え	노리카에
▪ 갈아타다	乗(の)り換(か)える	노리카에루
▪ 감기약	風邪薬(かぜぐすり)	카제구스리
▪ 감자	じゃがいも	자가이모
▪ 개인 소유물	私物(しぶつ)	시부쯔
▪ 거스름돈	おつり	오쯔리
▪ 건강식품	健康食品(けんこうしょくひん)	켕꼬-쇼꾸힝
▪ 건전지	乾電池(かんでんち)	칸덴치
▪ 검역	検疫(けんえき)	켕에끼
▪ 게	カニ	카니
▪ 계약	契約(けいやく)	케-야꾸
▪ 계약서	契約書(けいやくしょ)	케-야꾸쇼
▪ 고무링	ゴム輪(わ)	고무와
▪ 고속도로	高速道路(こうそくどうろ)	코-소꾸도-로
▪ 고용하다	雇(やと)う	야토우
▪ 고장난	故障(こしょう)する	코쇼-스루
▪ 곡류	穀物(こくもつ)	코꾸모쯔

▪ 공원	公園(こうえん)	코-엥
▪ 공중전화	公衆電話(こうしゅうでんわ)	코-슈-뎅와
▪ 공항	空港(くうこう)	쿠-꼬-
▪ 공항세	空港使用料(くうこうしようりょう)	쿠-꼬-시요-료-
▪ 과일	果物(くだもの)	쿠다모노
▪ 관광	観光(かんこう)	캉꼬-
▪ 관광 여행	観光旅行(かんこうりょこう)	캉꼬-료꼬-
▪ 관광지도	観光地図(かんこうちず)	캉꼬-치즈
▪ 관세법	関税法(かんぜいほう)	칸제-호-
▪ 교차점	交差点(こうさてん)	코-사뗑
▪ 교통	交通(こうつう)	코-쯔-
▪ 교통신호	交通信号(こうつうしんごう)	코-쯔-싱고-
▪ 교환원	交換手(こうかんしゅ)	코-깐슈
▪ 구내전화선	内線(ないせん)	나이센
▪ 구매하다	買(か)い求(もと)める	카이모토메루
▪ 구명동의	救命胴衣(きゅうめいどうい)	큐-메-도-이
▪ 국가번호	国番号(くにばんごう)	쿠니방고-
▪ 국내선	国内線(こくないせん)	코꾸나이센
▪ 국제공항	国際空港(こくさいくうこう)	콕사이쿠-꼬-
▪ 국제선	国際線(こくさいせん)	콕사이센
▪ 국제전화	国際電話(こくさいでんわ)	콕사이뎅와
▪ 굽다	焼(や)く	야꾸
▪ 귀에 구멍을 뚫은	耳(みみ)に穴(あな)を空(あ)く	미미니 아나오 아꾸
▪ 귀중품	貴重品(きちょうひん)	키쵸-힝
▪ 그림엽서	絵(え)はがき	에하가끼
▪ 그림을 그리다	絵(え)をかく	에오 카꾸
▪ 극장	劇場(げきじょう)	게끼죠-
▪ 급한	急(きゅう)な	큐-나
▪ 급행열차	急行列車(きゅうこうれっしゃ)	큐-꼬-렛샤

핵심단어장

- 급행요금　　　　　急行料金(きゅうこうりょうきん)　큐-꼬-료-낑
- 기내반입 수화물　　機内搬入手荷物(きないはんにゅうてにもつ)
　　　　　　　　　　키나이한뉴-테니모쯔
- 기내선반　　　　　棚(たな)　　　　　　　　　　　　타나
- 기다리다　　　　　待(ま)つ　　　　　　　　　　　마쯔
- 기본요금　　　　　基本料金(きほんりょうきん)　　　키혼료-낑
- 기분이 나아지다　　気持(きもち)がよくなる　　　　키모찌가 요꾸나루
- 기장　　　　　　　機長(きちょう)　　　　　　　　키쵸-
- 기초화장품　　　　基礎化粧品(きそけしょうひん)　　키소케쇼-힝
- 긴급전화　　　　　緊急電話(きんきゅうでんわ)　　　킹큐-뎅와
- 깨지기 쉬운　　　　壊(こわ)れやすい　　　　　　　코와레야스이

- 나이트클럽　　　　ナイトクラブ　　　　　　　　　나이토쿠라부
- 낚시하러 가다　　　つりに行(い)く　　　　　　　　쯔리니 이꾸
- 날치기　　　　　　掻(か)っ払(ばら)い　　　　　　캅빠라이
- 남기다　　　　　　残(のこ)す　　　　　　　　　　노꼬스
- 남승무원　　　　　スチュワード　　　　　　　　　스츄와-도
- 냉각팬　　　　　　冷却(れいきゃく)ファン　　　　레-캬꾸황
- 냉동식품　　　　　冷凍食品(れいとうしょくひん)　　레-토-쇼꾸힝
- 너무 익힌　　　　　煮(に)えすぎる　　　　　　　　니에스기루
- 녹차　　　　　　　緑茶(りょくちゃ)　　　　　　　료꾸쨔
- 농산물　　　　　　農産物(のうさんぶつ)　　　　　노-산부쯔
- 놓다　　　　　　　置(お)く　　　　　　　　　　　오꾸
- 놓치다　　　　　　逃(のが)す　　　　　　　　　　노가스
- 눕다　　　　　　　横(よこ)になる　　　　　　　　요꼬니나루

▪ 다 합하여	トータルで	토-타루데
▪ 다이얼	ダイヤル	다이야루
▪ 다친	怪我(けが)をする	케가오 스루
▪ 단단히	堅(かた)く	카타꾸
▪ 단추를 풀다	ボタンをはずす	보땅오 하즈스
▪ 달력	カレンダー	카렌다-
▪ 닭고기	鶏肉(とりにく)	토리니꾸
▪ 담요	毛布(もうふ)	모-후
▪ 당근	人参(にんじん)	닌징
▪ 대합실	待合室(まちあいしつ)	마찌아이시쯔
▪ 도둑	泥棒(どろぼう)	도로보-
▪ 도로지도	道路地図(どうろちず)	도-로치즈
▪ 도착지	到着地(とうちゃくち)	토-챠쿠치
▪ 도착하다	着(つ)く	쯔꾸
▪ 동물원	動物園(どうぶつえん)	도-부쯔엥
▪ 동전	コイン	코잉
▪ 돼지고기	豚肉(ぶたにく)	부타니꾸
▪ 등기로 부치다	書留(かきとめ)で出(だ)す	카키토메데 다스
▪ 등기우편	書留(かきとめ)	카키토메
▪ 등록증	登録証(とうろくしょう)	토-루꾸쇼-
▪ 디스코텍	ディスコテーク	디스코테-쿠
▪ 디저트	デザート	데자-토
▪ 따로따로	べつべつ	베쯔베쯔
▪ 뚜껑	ふた	후타
▪ 럼	ラム	라무
▪ 립스틱	口紅(くちべに)	구찌베니

핵심단어장

마스카라	マスカラ	마스카라
마운틴 고무	マウンテンゴム	마운틴고무
마지막의	最後(さいご)	사이고
맑은 수프	清(きよ)いスープ	키요이 스-푸
매니큐어	マニキュア	마니큐아
매표소	切符(きっぷ)売(う)り場(ば)	킵뿌우리바
맥주	ビール	비-루
맥주홀	ビヤホール	비야호-루
머리를 감다	髪(かみ)を洗(あら)う	카미오 아라우
머리를 자르다	髪(かみ)を刈(か)る	카미오 카루
머물다	泊(とま)る	머물다
멀미 봉투	スローアップ袋(ぶくろ)	스로-압뿌부꾸로
메뉴	メニュー	메뉴-
면도하다	ひげをそる	히게오 소루
면세품	免税品(めんぜいひん)	멘제-힝
명소	名所(めいしょ)	메-쇼
목욕하다	お風呂(ふろ)にはいる	오후로니 하이루
목적	目的(もくてき)	목떼끼
무	大根(だいこん)	다이꽁
무도회장	舞踏会場(ぶとうかいじょう)	부토-카이죠-
무료	無料(むりょう)	무료-
묶다	括(くく)る	쿠꾸루
문방구류	文具類(ぶんぐるい)	붕구루이
물을 섞은	水(みず)をまぜる	미즈오 마제루
뮤지컬	ミュージカル	뮤-지카루
미터계	メーター機(き)	메-타-끼
밀크 로션	ミルクローション	미루쿠로-숀

■ 바	バー	바
■ 박람회	博覧会(はくらんかい)	하꾸랑까이
■ 박물관	博物館(はくぶつかん)	하꾸부쯔깡
■ 반입 금지품	搬入禁止品(はんにゅうきんしひん)	한뉴-킨시힝
■ 반품하다	返品(へんぴん)する	헨삥스루
■ 발신인	差出し人(さしだいにん)	사시다시닝
■ 발착 일람표	発着一覧表(はっちゃくいちらんひょう) 핫챠꾸이찌랑효-	
■ 배달하다	配達(はいたつ)する	하이타쯔스루
■ 백미러	バックミラー	박꾸미라-
■ 백포도주	白(しろ)ワイン	백포도주
■ 백화점	デパート	데파-또
■ 버본 위스키	バーボンウイスキー	바-본우이스키-
■ 번호통화	番号通話(ばんごうつうわ)	방고-쯔-와
■ 베개	まくら	마쿠라
■ 벼룩시장	蚤(のみ)の市(いち)	노미노이찌
■ 보관하다	保管(ほかん)する	호칸스루
■ 보드카	ウオッカ	웍카
■ 보상하다	償(つぐな)う	쯔구나우
■ 보증금	補償金(ほしょうきん)	호쇼-낑
■ 보통열차	普通列車(ふつうれっしゃ)	후쯔렛샤
■ 보험회사	保険会社(ほけんがいしゃ)	호껭가이샤
■ 분실물 취급소	忘れ物預かり所(わすれものあずかりしょ) 와스레모노 아즈까리쇼	
■ 브랜디	ブランディ	부란디
■ 비행기 편명	飛行機便名(ひこうきびんめい)	히꼬-끼빔메-
■ 비행기로	飛行機(ひこうき)で	히꼬-끼데
■ 빌리다	借(か)りる	카리루

- **사고증명서**   事故証明書(じこしょうめいしょ)   지꼬쇼-메-쇼
- **사진촬영 금지**   撮影禁止(さつえいきんし)   사쯔에-킨시
- **산소마스크**   酸素(さんそ)マスク   산소마스쿠
- **상추**   レタス   레타스
- **샐러드**   サラダ   사라다
- **샐러리**   セロリ   세로리
- **생맥주**   生(なま)ビール   나마비-루
- **생선**   魚(さかな)   사까나
- **샴페인**   シャンペン   샴펜
- **서류가방**   書類(しょるい)カバン   쇼루이카방
- **서명**   署名(しょめい)   쇼메-
- **선편**   船便(ふなびん)   후나빙
- **세관 검사**   税関検査(ぜいかんけんさ)   제-깐켄사
- **세관직원**   税関職員(ぜいかんしょくいん)   제-깐쇼꾸잉
- **소매치기**   すり   스리
- **소매치기하다**   する   스루
- **소포**   小包(こづつみ)   코즈쯔미
- **소형차**   小型車(こがたしゃ)   코가따샤
- **속달**   速達(そくたつ)   소쿠타쯔
- **송아지고기**   子牛肉(こうしにく)   코우시니꾸
- **쇠고기**   牛肉(ぎゅうにく)   규-니꾸
- **쇼**   ショー   쇼-
- **수리**   修理(しゅうり)   슈-리
- **수수료**   手数料(てすうりょう)   테스-료-
- **수신인**   受取人(うけとりにん)   우께토리닝
- **수족관**   水族館(すいぞくかん)   스이조꾸깡
- **수탁증(클레임택)**   受託証(じゅたくしょう)   쥬타꾸쇼-

▪ 수프	スープ	스-푸
▪ 수하물	手荷物(てにもつ)	테니모쯔
▪ 수화기	受話器(じゅわき)	쥬와끼
▪ 숙박 시설	宿泊施設(しゅくはくしせつ)	슈꾸하꾸시세쯔
▪ 순금	純金(じゅんきん)	쥰낑
▪ 순찰차	パトロールカー	파토로-루카
▪ 술집	飲(の)み屋(や)	노미야
▪ 스위치	スイッチ	스잇치
▪ 스케줄	スケジュール	스케쥬-루
▪ 스테이크	ステーキ	스테-끼
▪ 슬라이드 필름	スライドフィルム	스라이도 휘루무
▪ 승무원	乗務員(じょうむいん)	죠-무잉
▪ 시끄러운	うるさい	우루사이
▪ 시내	市内(しない)	시나이
▪ 시내통화	市内通話(しないつうわ)	시나이쯔-와
▪ 시설	施設(しせつ)	시세쯔
▪ 식당	食堂(しょくどう)	쇼꾸도-
▪ 식당차	食堂車(しょくどうしゃ)	쇼꾸도-샤
▪ 식물원	植物園(しょくぶつえん)	쇼꾸부쯔엥
▪ 식사	食事(しょくじ)	쇼꾸지
▪ 식전술	食事(しょくじ)に付(つ)き添(そ)えた酒(さけ) 쇼꾸지니 쯔끼소에타 사케	
▪ 신고하다	申告(しんこく)する	싱코꾸스루
▪ 신변용품	身辺(しんぺん)な用品(ようひん)	신뻰나요-힝
▪ 실린더 헤드	シリンダーヘッド	시린다-헷도
▪ 싱거운	水(みず)っぽい	미즈뽀이

핵심단어장

313

■ 아스피린	アスピリン	아스피린
■ 아침식사	朝食(ちょうしょく)	쵸-쇼꾸
■ 안내소	案内所(あんないしょ)	안나이쇼
■ 안내책자	案内冊子(あんないさっし)	안나이삿시
■ 안전벨트	シートベルト	시-토베루토
■ 안주	おつまみ	오쯔마미
■ 야간열차	夜行列車(やこうれっしゃ)	야꼬-렛샤
■ 야외극장	露天劇場(ろてんげきじょう)	로텐게끼죠-
■ 약국	薬屋(くすりや)	쿠스리야
■ 얼음을 넣은	アイスを入(い)れる	아이스오 이레루
■ 얼음을 뺀	アイスを抜(ぬ)く	아이스오 누꾸
■ 여승무원	スチュワーデス	스츄와-데스
■ 여행가방	スーツケース	스-츠케-스
■ 여행사	旅行社(りょこうしゃ)	료꼬-샤
■ 여행자	旅行者(りょこうしゃ)	료꼬-샤
■ 여행자 수표	トラベルチェック	토라베루체쿠
■ 연극	演劇(えんげき)	엥게끼
■ 연락처	連絡先(れんらくさき)	렝라꾸사끼
■ 연중행사	年中行事(ねんちゅうぎょうじ)	넨츄-꾜-지
■ 영수증	領収書(りょうしゅうしょ)	료-슈-쇼
■ 영화	映画(えいが)	에-가
■ 영화관	映画館(えいがかん)	에-가깡
■ 예방주사 증명서	予防注射証明書(よぼうちゅうしゃしょうめいしょ) 요보-츄-샤쇼-메-쇼	
■ 예약	予約(よやく)	요야꾸
■ 예약금	予約金(よやくきん)	요야꾸낑
■ 오페라	オペラ	오페라

왕복 항공권	往復航空券(おうふくこうくうけん)	오-후꾸코-꾸껭
요금	料金(りょうきん)	료-낑
욕실용품	風呂場用品(ふろばようひん)	후로바요-힝
욕실이 딸린	風呂場(ふろば)が付(つ)く	후로바가 쯔꾸
우체국	郵便局(ゆうびんきょく)	유-빙쿄꾸
우체통	郵便箱(ゆうびんばこ)	유-빔바꼬
우편엽서	ハガキ	하가까
우편요금	郵便代(ゆうびんだい)	유-빈다이
운임	運賃(うんちん)	운칭
운전면허증	運転免許証(うんてんめんきょしょう)	운뗑멩쿄-쇼-
위스키	ウイスキー	우이스키-
유료	有料(ゆうりょう)	유-료-
유료도로	有料道路(ゆうりょうどうろ)	유-료-도-로
유원지	遊園地(ゆうえんち)	유-엔치
유효하다	有効(ゆうこう)だ	유-꼬-다
육류	肉類(にくるい)	니꾸루이
음료	飲み物(のみもの)	노미모노
음악회	音樂会(おんがくかい)	옹가꾸까이
의류	衣類(いるい)	이루이
이름표	名札(なふだ)	나후다
인화	焼(や)き付(つ)け	야끼쯔께
인환증	引換証(ひきかえしょう)	히끼카에쇼-
일방통행	一方通行(いっぽうつうこう)	입포-쯔-꼬-
일품요리	単品料理(たんぴんりょうり)	탐삥료-리
입구	入口(いりぐち)	이리구찌
입국관리	入国管理(にゅうこくかんり)	뉴-코꾸칸리
입국카드	入国(にゅうこく)カード	뉴-코꾸카-도
입석	立席(たちせき)	타찌세끼
입장료	入場料(にゅうじょうりょう)	뉴-죠-료-

핵심단어장

■ 자동 기어	自動(じどう)ギア	지도-기아
■ 자유석	自由席(じゆうせき)	지유-세끼
■ 잔돈	おつり	오쯔리
■ 장거리통화	長距離電話(ちょうきょりでんわ)	쵸-쿄리뎅와
■ 재발행하다	再発行(さいはっこう)する	사이핫꼬-스루
■ 재확인하다	再確認(さいかくにん)する	사이카꾸닌스루
■ 저녁식사	夕食(ゆうしょく)	유-쇼꾸
■ 적포도주	赤(あか)ワイン	아까와잉
■ 전시장	展示場(てんじじょう)	텐지죠-
■ 전화박스	電話(でんわ)ボックス	뎅와복꾸스
■ 점심식사	昼食(ちゅうしょく)	츄-쇼꾸
■ 좌석	座席(ざせき)	자세끼
■ 주간열차	昼間列車(ちゅうかんれっしゃ)	츄-깐렛샤
■ 주류	酒類(しゅるい)	슈루이
■ 주류 일람표	酒類(しゅるい)リスト	슈루이리스토
■ 주문	注文(ちゅうもん)	츄-몽
■ 주요리	メイン料理(りょうり)	메인료-리
■ 주유소	ガソリンスタンド	가소리스탄도
■ 주차금지	駐車禁止(ちゅうしゃきんし)	츄-샤킨시
■ 주차장	駐車場(ちゅうしゃじょう)	츄-샤죠-
■ 주화	コイン	코잉
■ 중국요리	中国料理(ちゅうごくりょうり)	츄-고꾸료-리
■ 지도	地図(ちず)	치즈
■ 지명통화	指名通話(しめいつうわ)	시메-쯔-와
■ 지역번호	地域番号(ちいきばんごう)	치이끼방고-
■ 지정좌석	指定席(していせき)	시테-세끼
■ 지폐	紙幣(しへい)	시헤-
■ 짐수레	カート	카-토

- **차측** 左側(ひだりがわ) 히다리가와
- **참다** たえる 타에루
- **창구** 窓口(まどぐち) 마도구찌
- **찾다** さがす 사가스
- **처방전** 処方箋(しょほうせん) 쇼호-셍
- **철도** 鉄道(てつどう) 테쯔도-
- **철저하다** 徹底的(てっていてき)だ 텟떼-떼끼다
- **청과류** 青果類(せいかるい) 세-까루이
- **청량음료** 清凉飲料(せいりょういんりょう) 세-료-인료-
- **청완두콩** 青豆(あおまめ) 아오마메
- **체온** 体温(たいおん) 타이옹
- **체크인하다** チェックインする 첵쿠인스루
- **초과** 超過(ちょうか) 쵸-까
- **추가** 追加(ついか) 쯔이까
- **추월금지** 追越禁止(おいこしきんし) 오이꼬시킨시
- **추천하다** 推薦(すいせん)する 스이센스루
- **축제** 祭(まつ)り 마쯔리
- **출구** 出口(でぐち) 데구찌
- **출국카드** 出国(しゅっこく)カード 슛코쿠카도
- **출발** 出発(しゅっぱつ) 슙파쯔
- **출발지** 出発地(しゅっぱつち) 슙파쯔치
- **취급주의** 取扱注意(とりあつかいちゅうい) 토리아쯔까이츄-이
- **친척** 親戚(しんせき) 신세끼
- **침대요금** 寝台料金(しんだいりょうきん) 신다이료-낑
- **침대차** 寝台車(しんだいしゃ) 신다이샤

- 카나디언 위스키　　カナディアン ウィスキー　　카나디안 위스키-
- 칵테일　　カクテル　　카쿠테루
- 칵테일 라운지　　カクテル ラウンジ　　카쿠테루 라운지
- 캔맥주　　缶(かん)ビール　　칸비-루
- 캔제품　　缶製品(かんせいひん)　　칸세-힝
- 커피　　コーヒー　　코-히-
- 컬러필름　　カラーフィルム　　카라휘루무
- 코코넛　　ココナツ　　코코나츠
- 콘프레이크　　コーンフレーク　　콘후레-쿠
- 콜렉트콜　　コレクトコール　　코레쿠토코-루
- 콜리플라워　　カリフラワー　　카리후라와-
- 콩　　豆(まめ)　　마메

- 탑승 카운터　　搭乗(とうじょう)カウンター　　토-죠-카운타-
- 탑승구　　搭乗口(とうじょうぐち)　　토-죠-구찌
- 탑승권　　搭乗券(とうじょうけん)　　토-죠-껭
- 택시　　タクシー　　타쿠시-
- 택시기사　　タクシー運転手(うんてんしゅ)　　타쿠시-운뗀슈
- 택시승차장　　タクシー乗(の)り場(ば)　　타쿠시-노리바
- 택시요금　　タクシー料金(りょうきん)　　타쿠시-료-낑
- 테킬라　　テキーラ　　데끼-라
- 토마토　　トマト　　토마토
- 토속음식　　土俗食べ物(どぞくたべもの)　　도조꾸다베모노
- 통과 승객　　乗(の)り継(つ)ぎのお客(きゃく)　　노리쯔기노 오캬꾸
- 통과 카드　　通過(つうか)カード　　쯔-까카-도

- **통화(돈)**　　　通貨(つうか)　　　　　　　쯔–까
- **특급열차**　　　特急列車(とっきゅうれっしゃ)　톡큐–렛샤

- **파마를 하다**　　パーマをする　　　　　　파마오 스루
- **파손**　　　　　破損(はそん)　　　　　　하손
- **파슬리**　　　　パセリ　　　　　　　　　파세리
- **파운드**　　　　パウンド　　　　　　　　파운도
- **파출소**　　　　交番(こうばん)　　　　　코–방
- **펑크나다**　　　パンクする　　　　　　　팡쿠스루
- **펜더**　　　　　パンダ　　　　　　　　　판다
- **편도 항공권**　　片道(かたみち)チケット　카타미찌 치켓또
- **편지**　　　　　便箋(びんせん)　　　　　빈셍
- **포도주**　　　　ワイン　　　　　　　　　와잉
- **포장하다**　　　包装(ほうそう)する　　　호–소–스루
- **표**　　　　　　チケット　　　　　　　　치켓또
- **표시하다**　　　印(しるし)をつける　　　시루시오 쯔께루
- **프랑스요리**　　フランス料理(りょうり)　후란스료–리
- **플래쉬 금지**　　フラッシュ禁止(きんし)　후랏슈킨시
- **플랫폼**　　　　プラットホーム　　　　　푸랏또호–무
- **필름 한 통**　　フィルム一通(いっつう)　휘루무잇쯔–
- **필요하다**　　　要(い)る　　　　　　　　이루

할인하다	割引(わりびき)する	와리비끼스루
할증요금	割増料金(わりぞうりょうきん)	와리조-료-낑
항공권	航空券(こうくうけん)	코-꾸-켕
항공봉함엽서	航空(こうくう)はがき	코-꾸-하가끼
항공사	航空会社(こうくうがいしゃ)	코-꾸-가이샤
항공편	航空便(こうくうびん)	코-꾸-빙
해외의	海外(かいがい)	카이가이
핸들	ハンドル	한도루
행사	行事(ぎょうじ)	쿄-지
향수	香水(こうすい)	코-스이
향신료	香辛料(こうしんりょう)	코-신료-
현금	現金(げんきん)	겡낑
현상하다	現像(げんぞう)する	겐조-스루
호출 버튼	呼び鈴(よびりん)	요비링
호흡	呼吸(こきゅう)	코큐-
홍차	紅茶(こうちゃ)	코-챠
화랑	ギャラリ	갸라리
화물요금	貨物料金(かもつりょうきん)	카모쯔료-낑
화장실	トイレ	토이레
확인하다	確認(かくにん)する	카꾸닌스루
환불	払(はら)い戻(もど)し	하라이모도시
환전률	為替(かわせ)レート	카와세레-또
환전소	両替所(りょうがえしょ)	료-가에쇼
환전하다	両替(りょうがえ)する	료-가에스루
후라이한 것	フライ	후라이
훔친	盗(ぬす)む	누스무
흑백필름	モノクロフィルム	모노꾸로휘루무